COLEÇÃO EXPLOSANTE

ubu

TRADUÇÃO
CÉLIA EUVALDO

PREFÁCIO
CHRISTIAN DUNKER

UMA HISTÓRIA DA PSICANÁLISE POPULAR

FLORENT GABARRON-GARCIA

7 PREFÁCIO À EDIÇÃO BRASILEIRA
Christian Ingo Lenz Dunker

15 Introdução – Psicanálise: o novo cão de guarda?

29 [1] FREUD OLHA PARA O LESTE:
VERA SCHMIDT E A PSICANÁLISE NO PAÍS DOS SOVIETES

53 [2] WILHELM REICH, DA POLICLÍNICA DE VIENA
À SEXPOL EM BERLIM

93 [3] O FUTURO DO PESSIMISMO FREUDIANO

117 [4] MARIE LANGER, DA EUROPA DOS
ANOS 1930 À AMÉRICA LATINA DOS ANOS 1970

141 [5] DA COMUNA CATALÃ À CLÍNICA DE LA BORDE

181 [6] RENOVAÇÃO DA PSICANÁLISE REVOLUCIONÁRIA
NA ALEMANHA: A EXPERIÊNCIA DE HEIDELBERG

205 Conclusão – De que Ernest Jones é o nome?
Por uma outra psicanálise

211 Índice onomástico
215 Sobre o autor

PREFÁCIO
UMA HISTÓRIA DO PORVIR

CHRISTIAN INGO LENZ DUNKER

Esta pequena história da psicanálise popular não poderia vir em melhor hora. Mais que uma contra-história que toma o modelo hagiográfico de Ernest Jones como antimodelo ideológico, o trabalho de Gabarron-Garcia permite mostrar como desde o início, na Viena dos anos 1920, a psicanálise jamais se reduziu a uma clínica das elites para as elites. Parte desta história esquecida já havia sido refeita, em detalhes, para as clínicas públicas europeias,[1] para os casos suprimidos da história de sua disseminação cultural[2] e também, em esboço, para a situação brasileira.[3] Contudo, a série de casos aqui apresentados não pode ser reduzida a uma versão menor ou dissidente do que, afinal, seria "a psicanálise". O trajeto vai do fecundo experimento húngaro e dos lares escolares para crianças de Vera Schmidt na Moscou bolchevique (remetendo ao trabalho de Sabina Spielrein e Tatiana Rosenthal em Petrogrado), passa pela expansão massiva das clínicas populares da Viena Vermelha dos anos 1920–30 e pelas experiências de Wilhelm Reich à frente da Associação Alemã por uma Política Sexual Proletária (Sexpol), e chega aos grupos de intervenção social de

---

1   Elizabeth Ann Danto, *Clínicas públicas de Freud: psicanálise e justiça social: 1918-1938*, trad. Margarida Goldsztajn. São Paulo: Perspectiva, 2019.
2   Ian Parker, *Cultura psicanalítica*, trad. Saulo Krieger. Aparecida: Ideias e Letras, 2006.
3   Christian I. L. Dunker, *Mal-estar, sofrimento e sintoma: uma psicopatologia do Brasil entre muros*. São Paulo: Boitempo, 2015.

François Tosquelles na guerra civil espanhola e de Marie Langer no entreguerras vienense. Acompanhamos no pós-guerra o pioneirismo da clínica francesa de La Borde, com Jean Oury e Félix Guattari, e nos anos 1970 assistimos à aparição do Coletivo Socialista de Pacientes (SPK) em Heidelberg e das comarcas de saúde mental na Argentina.

Ignorando o testemunho histórico de que sempre houve uma espécie de luta de classes dentro da psicanálise,[4] tornaram-se lugar-comum juízos globais sobre seu conformismo, adaptativo e segregacionista, bem como sobre sua retórica patriarcal, androcentrista e familiarista. De fato, a história oficial, acompanhada por hagiografias heroicas de seus personagens e instituições, buscou apagar a sistemática importação de conceitos entre a psicanálise e as teorias sociais críticas, assim como silenciar suas experiências políticas de resistência e engajamento direto na transformação social concreta.

Os coletivos brasileiros,[5] que, desde os anos 2010, candidatam-se a ser o próximo capítulo desta história, podem encontrar aqui algumas condições precedentes para sua própria existência, mas também antecipar a regularidade de certos problemas e desafios a serem enfrentados. A primeira lição é que nossos antecedentes enfrentaram recepções igualmente oscilantes. A própria posição textual de Freud sobre as relações entre política e psicanálise vai do intervencionismo claro e direto na saúde mental das populações, esboçado em seu trabalho de 1908 sobre a "Moral sexual 'cultural' e o nervosismo moderno", até o desejo de universalização do acesso à psicanálise, na conferência em Budapeste de 1918, e percorre as considerações de Freud desde sua perspectiva do comunismo como "grande expe-

---

4   I. Parker e David Pavón-Cuéllar, *Psicanálise e revolução: psicologia crítica para movimentos de liberação*, trad. Luis Reyes Gil. Belo Horizonte: Autêntica, 2022.
5   Ver Ilana Katz e Emília Broide (orgs.), *Psicanálise nos espaços públicos*. São Paulo: IP-USP, 2019. Disponível em: latesfip.com.br/psicanalise-nos-espacos-publicos.

rimento cultural", em *O futuro de uma ilusão*, em 1927, até seu indiferentismo político em "Acerca de uma visão de mundo", de 1932.

A pergunta sobre o caráter político ou apolítico da psicanálise não resolve por si como a política da psicanálise, entendida como movimentação coordenada de suas escolas, discursos e praticantes, se comportará em situação de regressão, anomia ou regressão democrática?

O caso modelo nesta matéria é representado de forma contundente pela política de salvamento da psicanálise, capitaneada por Ernest Jones durante o nazismo na Alemanha. Arianização de comitês de direção, exclusão de judeus, até mesmo perseguição autossegregativa de todos os que se relacionam com a militância política, seja eles analistas ou analisantes. A resolução afeta, entre outros, Ernst Simmel, presidente da Sociedade dos Médicos Socialistas; Helene Deutsch, figura próxima de Rosa Luxemburgo; e Erich Fromm e Karl Landauer, fundadores da Comunidade Operária em prol da psicoterapia popular. Resolução que faz Otto Fenichel organizar uma rede secreta de psicanalistas de esquerda nos Estados Unidos que terminam por "neutralizar" a tonalidade política das intervenções de Siegfried Bernfeld no universo educativo e August Aichhorn no judiciário. Resolução que deixará um saldo histórico de práticas autoritárias, colaboracionistas, disciplinares e acríticas no interior da própria transmissão da psicanálise, sobretudo no modelo de formação de psicanalistas.

Quando cotejamos as políticas da psicanálise com a política em sentido mais geral de ocupação institucional do espaço público, podemos perder de vista que as sociedades e escolas de psicanálise nem sempre são a expressão monolítica de um pensamento único, longe disso: tendem a compor um campo de forças formado por interesses distribuídos e nem sempre constantes ao longo do tempo. Basta registrar aqui a posição de Freud tentando administrar conflitos entre diversas associações nacionais de psicanálise, contra a perspectiva global de um processo político, relativamente impensado e impensável, pela própria psicanálise, no quadro de ascensão dos fascismos. Neste caso, seria importante rever o mito, propugnado pela própria historiografia psicanalítica, sobre o caráter unitário, homogêneo e hegemônico dentro da psicanálise, como se o círculo dos anéis de confiança tivesse realmente se consagrado em uma política una baseada na regra simples da submissão ou exclusão. Neste ponto, talvez tenha ficado ausente nesta breve história a própria emergência do lacanismo, como insurreição institucional interna à psicanálise. Independentemente de seus desdobramentos mais ou menos regressivos, resguardado seu programa de renovação teórica, são inegáveis suas conexões com as críticas feminista, antirracista e marxista. Ademais, isso deixará marcas seja na experiência francesa de François Tosquelles, Frantz Fanon e Jean Oury, seja nos desdobramentos da experiência argentina do grupo Plataforma, com Marie Langer.

Aqui se interpõe a variedade das formas da sustentação da psicanálise em contexto cultural de marginalidade ou de centralidade, em relação às disciplinas universitárias e diante das práticas psiquiátricas ou de saúde mental, bem como suas diferentes táticas de ocupação dos espaços públicos, para além das instituições. Diante desse contexto, parece óbvio que o comunismo seja criticado depois de Stalin perseguir os psicanalistas russos e decretar a psicanálise uma ciência burguesa, ele mesmo propondo-se o pai dos povos e mobilizando a família para justificar a autocracia. Também é compreensível que Marie Langer, depois de ser impedida de retornar à Áustria pós-*Anschluss* – perseguida por sua origem judaica e sua luta ao lado das Brigadas Internacionais durante a Guerra Civil Espanhola –, tivesse que esconder sua militância no exílio na Argentina, cuja cultura psicanalítica era ainda incipiente. No entanto, quando a própria posição cultural da psicanálise muda, quando seus filhos não estão mais em perigo imediato e quando a mesma Argentina é tomada pela ditadura militar, ela não hesita em partir para uma aliança com o movimento operário a fim de lutar pela ampliação do acesso à saúde mental, terminando por ser novamente exilada, desta vez na Nicarágua.

Ou seja, nas experiências aqui selecionadas não há nada que se pareça com uma posição fixa – elitista ou revolucionária – imune às circunstâncias. Isso sugere que a psicanálise se politiza ou se despolitiza conforme sua reatividade contingente ao modo como a política em geral afeta as políticas de sofrimento. É nas horas mais críticas que ela deve ser capaz de se lembrar de sua história, de resgatar seus silêncios, de refazer seus modelos e antimodelos, mostrando que "a cura pela fala permanece, graças a seu alcance revolucionário, eminentemente preciosa para os tempos presentes" (p. 26).

Seja o cooperativismo do Coletivo Socialista de Pacientes (SPK) em Heidelberg dos anos 1970, sejam as experiências institucionais na pequena vila de Saint-Alban ou no castelo de La Borde, em que a relação entre médicos e enfermeiros parece ser crucial, sejam, ainda, os coletivos argentinos, vienenses, russos e sua relação instável com as políticas de saúde mental, a linha de continuidade das experiências relatadas mostra-se uma questão problemática. Até que ponto as comunidades aqui discutidas deixam legados, para além das lideranças fundadoras, quando estas se dissolvem no complexo de administração da saúde? Novamente, em vez da oposição polar entre cultura erudita da elite psicanalítica e cultura popular dos pacientes, devemos lembrar que as experiências periféricas do centro europeu, aqui relatadas, criam culturas periféricas, e que nessas periferias há também centros de irradiação e transformação cultural da psicanálise. Uma dificuldade recorrente nas experiências aqui trazidas, desde o "seminário das crianças" em Berlim, é que a elite da periferia tende a esquecer a excepcionalidade que a tornou possível.

A história marginal da psicanálise faz parte do sistema de instituições com suas regras genealógicas de reconhecimento, ele mesmo nunca exatamente um campo pacífico. Ela compreende políticas específicas de interpretação internalista de fatos sociais: a revolução como simples caso edipiano de retorno ao mesmo lugar, as revoltas árabes como demanda de consumo, o comunismo como regressão materna ou masoquista dos militantes. Lembremos que, na Áustria dos anos 1930, qualquer movimento teórico, estético, moral ou político que comportasse participantes com uma "visão não ariana de mundo" corria o sério risco de ver estes perseguidos. A leniência de Freud com a dupla Felix Boehm e Carl Müller-Braunschweig, interessada na "modernização da psicanálise" e na criação de um rosto "realmente alemão" para ela, pode ter levado ao pior. O erro foi confiar na ideia de que se a psicanálise se apresentasse como uma ciência, acima das opiniões e alinhamentos, isso a protegeria das perseguições políticas de governos, Estados e nações. Essa ideia se desdobraria na suposição de que apesar de participar da circulação do capital, como serviço em saúde mental e como prática liberal, ela ficaria isenta e a salvo de críticas na disputa pela justificação e por legitimidade como forma de tratamento do sofrimento psíquico. Finalmente, isso levaria a uma posição de retirada ou exclusão gradual da ocupação do espaço público, seja como discurso, seja como prática clínica, seja como saber, o que veio a ocorrer principalmente nos países onde esta estratégia se mostrou dominante.

Com exceção da controvérsia sobre a análise do caráter e, talvez, de alguns apontamentos de Guattari, as experiências históricas parecem estar marcadas por abertura na conceituação e baixo apelo normativo. A demarcação da fronteira entre psicoterapia e psicanálise torna-se uma questão menor ou posterior, mais ou menos irrelevante para os envolvidos à época dos acontecimentos. As *policlínicas* com "i" de política, e não com "y" como no termo francês *polycliniques* – que exprime multidisciplinaridade –, fazem parte da história dos desejos da psicanálise – alguns deles, inéditos na edição da *Interpretação dos sonhos* em

1900: redução da pobreza, adaptação e reconhecimento das condições materiais da vida dos pacientes, problematização da incorporação sintomática da lei, crítica da repressão diferencial das mulheres, direito à educação sexual, direito ao aborto, descriminalização da homossexualidade, resistência às políticas de violência, segregação e opressão. Ainda assim, não há nenhuma excepcionalidade moral inerente aos psicanalistas em matéria de política, mas afinidade prática, como sismógrafos do sofrimento social e críticos do psicanalismo que ataca a profissão.

Na história de nossa ancestralidade, como se avizinha no capítulo brasileiro em formação, das clínicas livres, públicas, políticas ou polivalentes, o compromisso político não é álibi formativo nem carteirinha de independência, muito menos anel de superioridade moral, mas ajuste de contas e fidelidade a um passivo histórico de luta social.

CHRISTIAN INGO LENZ DUNKER nasceu em São Paulo em 1966. É psicanalista e professor titular da Universidade de São Paulo (USP). Livre-docente em psicopatologia e psicanálise pela USP e pós-doutor pela Manchester Metropolitan University, coordena o Laboratório de Teoria Social, Filosofia e Psicanálise da USP. Duas vezes vencedor do prêmio Jabuti, mantém um canal no YouTube e colabora frequentemente com diversos veículos de comunicação.

INTRODUÇÃO
PSICANÁLISE: O NOVO CÃO DE GUARDA?

De várias décadas para cá, a psicanálise se tornou, em grande parte, profunda e abertamente reacionária. A lista de posicionamentos retrógrados tem aumentado em ritmo acelerado nos últimos tempos, galgando a escala da estupidez, da ignorância e da má-fé.

Esse movimento começou, em pleno frenesi securitário, com a estigmatização dos "bandos de jovens de uniforme" que não respeitavam mais "o saber" nem "a autoridade".[1] Com o PACS[2] e, na esteira deste, o casamento homossexual, a adoção de crianças por casais homossexuais e a procriação medicamente assistida, outras teses propagadas por alguns analistas encontrariam amplo eco na mídia: as próprias bases do desejo estariam minadas, e a falência antropológica, muito próxima. O questionamento da "sociedade patrocentrada", o reconhecimento do desejo homossexual e a conquista de novos direitos que os acompanham pressagiariam, no entender deles, o fim da "presença humana na Terra".[3]

---

1 Marcel Gauchet, "Débat autour de *L'homme sans gravité* avec Pierre Beckouche" [2002], in Charles Melman, *La Nouvelle Economie psychique*. Toulouse: Érès, 2010, pp. 117-65.
2 Sigla para Pacto Civil de Solidariedade, categoria de contrato conjugal na França, similar à união civil, que estabelece determinados direitos para casais homo e heteroafetivos. [N. E.]
3 "Nossos antropólogos e nossos sociólogos, se quisessem ser um pouco sérios, e em vez de dissertar sobre as melhores acomodações, o melhor conforto que se poderia encontrar em novos arranjos familiares, fariam bem em se perguntar se não é aí que está o sinal premonitório de uma extinção da vida e da presença humana na terra. Nos dias de hoje, os únicos que querem viver em família são... os homossexuais! Eles reivindicam hoje o casamento e alguns deles que-

Os promotores dessa perspectiva apocalíptica encontraram novas confirmações de suas teses na atualidade social e política recente, que comentaram extensivamente. Com o #MeToo, o "neofeminismo indiferenciador" prepararia o terreno, segundo eles, para uma sociedade doente e sem referências;[4] a educação das crianças seria fadada ao fracasso e à loucura; a civilização, ao impasse. Por fim, vieram as revoltas populares dos coletes amarelos, analisadas por alguns como expressão "da onipotência narcisista infantil" e do "desencadeamento das pulsões de morte". O Estado, laxista e à deriva, teria passado muito tempo sem autoridade viril: os filhos da "*big mother*" não compreenderiam mais os limites necessários do viver junto.[5] Enfim, o cúmulo desse florilégio, ou desse grande besteirol: depois dos estudos de gênero,[6]

---

rem ter filhos, ao passo que aqueles que são qualificados de 'normais' têm uma só ideia: liquidar a família, livrar-se dela." Charles Melman, *O homem sem gravidade: gozar a qualquer preço* [2002], trad. Sandra Regina Felgueiras. Rio de Janeiro: Companhia de Freud, 2003.

4   No original, "*sans 're-père'*". Aqui há um jogo de palavras no francês, impossível de traduzir, com "*repère*", que significa "referência", "baliza", "parâmetro", mas remete também a "*père*", "pai", antecedido do prefixo "*re*". [N. T.]

5   Michel Schneider, "Lexique du ressentiment". *Le Débat*, n. 204, pp. 61-75, 2019. A tese de um Estado "demasiado feminizado" e a crítica da deriva "sistemática" e "incestuosa" da política na direção dos "valores femininos" (generosidade, sensibilidade, doçura…) são, por exemplo, sustentadas em id., *Big Mother: psychopathologie de la vie politique*. Paris: Odile Jacob, 2002.

6   Nestes últimos tempos, os ataques voltaram com mais intensidade. De acordo com Jacques-Alain Miller, por exemplo, a recente campanha [do Estado francês] contra as discriminações de gênero (em que se veem pessoas se abraçando e se reconciliando, independentemente de suas diferenças de orientação sexual) seria um "aviltamento de toda a decência". Segundo o autor, ela "se autorizaria a penetrar na esfera mais íntima das pessoas" para "ditar o comportamento ao pai e à mãe, aos jovens e aos idosos". Seria, nada mais nada menos, uma "abjeção" que visaria, na realidade, a uma "censura das condutas" e consistiria em "traficar o desejo *no próprio seio da família*" para "reeducá-lo". Jacques-Alain Miller, "L'École de la Tolérance". *Lacan Quotidien*, n. 930, 2 jun. 2021, p. 5.

seria a perspectiva "interseccionista" na universidade a real responsável pela ascensão de um pensamento totalitário a ameaçar "o Pensamento" e "nossa Cultura". No momento em que o racismo contamina o espaço público, a causa do mal que assola nossa sociedade e que a ameaça de implosão não seriam as desigualdades sociais, mas a ascendência ideológica dos intelectuais e universitários decoloniais e/ou pós-coloniais, que favoreceriam o comunitarismo e abririam alas para o totalitarismo.[7]

Sob o pretexto de audácia e coragem "perante as posições bem-pensantes" – por vezes até se autoproclamando críticas do neoliberalismo –, essas posições, apesar das divergências, compartilham sua oposição à igualdade política concreta. Na realidade, são o testemunho de uma geração que se tornou fortemente renegada.[8] Hostil e capciosa, furiosamente contrária à conquista de novos direitos, culturalmente pessimista, antropologicamente declinista, essa psicanálise dedica ódio à igualdade política, a qual expressaria, segundo alguns de seus representantes mais

---

[7] Oitenta psicanalistas se insurgem; ver "La Pensée 'décoloniale' renforce le narcissisme des petites différences". *Le Monde*, 25 set. 2020. A violência terrorista do mês seguinte serviria de pretexto para reforçar essa perspectiva digna de um Concurso Lépine de invenções de ideias de extrema direita. Intelectuais pediriam ao ministro da Educação uma intervenção para controlar esses perigosos pensadores na universidade! Ver "Une Centaine d'universitaires alertent: 'Sur l'islamisme, ce qui nous menace c'est la persistance du déni'". *Le Monde*, 31 out. 2020.

[8] Guy d'Hocquenghem, *Lettre ouverte à ceux qui sont passés du col Mao au Rotary* [1986]. Marseille: Agone, 2003. Não temos como abordar aqui os efeitos clínicos desses preconceitos reacionários *na prática*. No entanto, não há dúvida de que estes têm consequências. Em nosso livro anterior, tratamos justamente dessa questão a respeito de certa concepção muito particular da psicose e da segregação política, a que pessoas acometidas de grande sofrimento psíquico podem ser sujeitas, sobretudo no âmbito das apresentações de doentes, por parte de certos médicos lacanianos. Florent Gabarron-Garcia, *L'Héritage politique de la psychanalyse*. Paris: La Lenteur, 2018.

típicos, nada menos que um "desejo de morte"![9] Febril, já não suporta que a crítica revele a opressão exercida por seu mundo.[10]

No entanto, essa eflorescência reacionária que faz muito barulho não é tão nova. A novidade talvez seja seu eco midiático e sua crescente potência no espaço público. Na realidade, já nos anos 1980 – com base no modelo dos Novos Filósofos –, a vulgata dos neoanalistas começava a produzir uma literatura carregada de ódio contra a História e o progresso, que pôde medrar (na época, de maneira deveras discreta) no interior do campo disciplinar da psicanálise. Preparava-se o terreno para a reação que se seguiria. A História, e sobretudo toda história progressista e revolucionária, seria sistematicamente negada. E assim, Maio de 1968 logo foi analisado como uma regressão anal.[11] Mas, como "a boa caridade começa em casa", essa "medicação" se aplicaria ao próprio campo. Toda psicanálise politizada

---

9 "Por que essa exigência de igualdade? Por que não suportaríamos a diferença? Por que não suportaríamos a desigualdade? [...] É curioso que ninguém, acredito, ainda tenha notado que a igualdade, que nos parece uma palavra de ordem eminentemente humanista e de progresso, é um desejo de morte." C. Melman, *La Nouvelle Économie psychique*, op. cit., p. 91. Melman fala aqui especificamente da igualdade homem/mulher.
10 Felizmente, existe, há não muito tempo, um contrafogo. Pode-se citar, por exemplo, os livros dos seguintes psicanalistas: Fabrice Bourlez, *Queer Psychanalyse: clinique mineure et déconstructions du genre*. Paris: Hermann, 2018; Karima Lazali, *Le Trauma colonial: une enquête sur les effets psychiques et politiques contemporains de l'oppression coloniale en Algérie*. Paris: La Découverte, 2018; Thamy Ayouch, *Psychanalyse et hybridité: genre, colonialité, subjectivations*. Leuven: Leuven University Press, 2018; Livio Boni e Sophie Mendelsohn, *La Vie psychique du racisme*. Paris: La Découverte, 2021; e igualmente nosso livro anterior, *L'Héritage politique de la psychanalyse*, op. cit. A presente obra constitui, aliás, a continuação direta da anterior. Retomamos livremente alguns de seus elementos decisivos, relativos à perspectiva de uma história popular. Que o leitor nos perdoe: essa retomada era necessária para poder levar mais longe esta pesquisa específica.
11 André Stéphane, *L'Univers contestationnaire*. Paris: Payot, 1969.

foi desacreditada. Segundo os panegiristas dessa tendência, os "perigosos excessos políticos" de *O anti-Édipo*[12] ou de um Reich deveriam ser trazidos a lume.[13] Para eles, aliás, tratava-se apenas de "figuras isoladas", "marginais", e o próprio Freud "teria ficado pasmo"[14] com o envolvimento do movimento psicanalítico francês com o Maio de 1968. O "infeliz parêntese do militantismo" na história da psicanálise estava fechado.[15] De maneira geral, qualquer perspectiva freudo-marxista ou progressista levantava as piores suspeitas. Sua pretensão igualitarista não passava de uma maneira de "negar a falta", a castração. Formava uma concepção muito perigosa; abria caminho para os totalitarismos de modo sistemático, tamanha era sua inclinação para negar ao homem a agressividade constitutiva da pulsão sexual e a angústia culpada intrapsíquica. Convinha, portanto, "purificar" a psicanálise. Ao axiomatizar a imagem do "ouro puro da psicanálise",[16] explicava-se aos estudantes – dentre os quais eu – que chegara a hora de escolher: ou "a ilusão fantasmática do político" ou "a ética do Sujeito e sua verdade". Uma vez "despido dos ideais",

---

12 Gilles Deleuze e Félix Guattari, *O anti-Édipo* [1972], trad. Luiz B. L. Orlandi. São Paulo: Editora 34, 2010.
13 Em nossa obra anterior (F. Gabarron-Garcia, *L'Héritage politique de la psychanalyse*, op. cit.) analisamos especificamente a sorte reservada ao livro de Deleuze e Guattari, *O anti-Édipo*. Este livro retoma alguns de seus elementos críticos para aprofundar aspectos cujo estudo tivemos de adiar.
14 Alain de Mijolla e Sophie de Mijolla-Mellor (orgs.), *Psychanalyse*. Paris: PUF, 1996, p. 792.
15 Declaração de Jacques Hochmann no seminário Utopsy.
16 Tratava-se, assim, de opor "o ouro puro da psicanálise" ao "chumbo das psicoterapias". Ora, esse é um erro de tradução do texto de Freud por Bernam que inverte o sentido. Freud não opõe "o ouro da psicanálise" ao "chumbo da psicoterapia", mas "o ouro" ao "cobre". Em liga com o ouro, o cobre lhe confere solidez maior (é o "ouro vermelho" trabalhado pelos joalheiros). O psicanalismo parece tampouco notar a ironia de Freud. "O ouro da psicanálise" aponta a fantasia de pureza que Freud já sabia detectar em alguns de seus colegas.

o psicanalista já não podia ser (ou ter sido) militante... a não ser da psicanálise.[17]

A psicanálise tinha finalmente atingido "a idade da razão", o que infletiria o curso de seus estudos. O ódio pela História e pelos atores da emancipação, capturados no Mesmo das leis de um inconsciente eterno, logo culminou, em um grau sem precedentes, em uma atitude que referia a Revolução Francesa ao Terror de forma sistemática. Desde Furet conhecemos esse golpe baixo, já um tanto desgastado.[18] Mais que no próprio Furet, no entanto, é preciso reconhecer que nas teses dos neoanalistas prepondera o paralogismo mais refinado, graças a um método infalível: a Revolução torna-se, com efeito, um simples caso edipiano. Toda a cronologia revolucionária de 1789 é revisada à luz da cronologia edipiana para ser apresentada como uma *regressão*[19] – em uma impressionante infantilização da História em detrimento dos fatos. Ainda recentemente a Revolução Francesa foi relacionada ao "desejo de morte do pai".[20] A mesma ojeriza contra os processos de emancipação e seus atores transparece com clareza na postura diante da atualidade: durante as revoltas árabes, algumas

---

17 J.-A. Miller, "Lacan e a política" [2003]. *Opção Lacaniana*, n. 40, 2004, pp. 7-18.
18 François Furet, *Pensando a Revolução Francesa* [1978], trad. Luiz Marques e Martha Gambini. Rio de Janeiro: Paz e Terra, 2012.
19 Jacques André, *La Révolution fratricide: essai de psychanalyse du lien social*. Paris: PUF, 1993. Do "assassinato do pai", com a execução de Luís XVI, passando pelo curto período de fraternidade de 1789-91, expressão de uma "homossexualidade latente dos atores" que "ainda não revela os danos de sua ambivalência", até o "fracasso da Constituição", que desembocará no Terror, pois ela "questiona o princípio da representação, da mediação, por uma instância paterna". Desse modo, as cartas estão postas: pode-se matar o rei, mas é preciso reconduzir seu princípio à Constituição. Sem terceiro paterno, a revolução "se volta contra ela mesma" como "pulsão de morte", é o Terror, e "os irmãos matam uns aos outros". A ideia de uma possível democracia direta, não representativa, parece impensável para o autor.
20 Paul-Laurent Assoun, *Tuer le Mort: le désir révolutionnaire*. Paris: PUF, 2015.

pessoas não hesitaram em qualificar o desejo que então se exprimia como "desejo de consumo", uma reivindicação individualista de um "direito ao gozo" de consumir "os prazeres venenosos do Um-contável e do Um-sozinho de que se farta o Tio Sam".[21]

Deixemos de lado os exemplos calamitosos. Trata-se de um fato deplorável que hoje precisamos reconhecer: enquanto os Novos Filósofos e os historiadores reacionários foram amplamente criticados e aparentam estar em declínio, a psicanálise parece tê-los colocado no papel de "novo cão de guarda" do poder. Evidentemente, a ronda de guarda se faz sempre em nome de argumentos antropológicos sobre a "estrutura do psiquismo", que supostamente prevalecem sobre qualquer realidade social. E, segundo um paradoxo típico do que em psicopatologia se costuma chamar de perversão, enquanto essa vulgata despeja seus preconceitos sobre o homem, a mulher, a política, enquanto naturaliza a agressividade, ela autoriza o próprio avanço em nome de uma pretensa neutralidade política que seria seu misterioso privilégio. Como todo pensamento burguês, essa psicanálise acredita dizer a verdade sobre a natureza humana para além das diferenças culturais e históricas. Trata-se ainda de psicanálise? Nada é menos certo. Eis a razão pela qual nos propomos a falar, em relação a ela, de *psicanalismo*, como discurso que participa da dominação e da fabricação da ideologia como "conjunto de produções ideais por meio das quais uma classe dominante justifica seu domínio".

No entanto, à diferença de Robert Castel, de quem emprestamos o termo – título de um de seus livros dos anos 1970 –,[22] o psicanalismo não é nosso objeto principal. Talvez seja uma doença originária de nossa disciplina: já

---

21 J.-A. Miller, "Jacques-Alain Miller s'engage pour la libération de Rafah Nached". *La Règle du Jeu*, 13 set. 2011.
22 Também compartilhamos de seus pontos de vista. Robert Castel, *O psicanalismo* [1973], trad. António Amaral Serra. Rio de Janeiro: Graal, 1978.

nos anos 1920, Kolnai, que era psicanalista, não hesitava em explicar o comunismo, de "maneira neutra", como uma "regressão à mãe".[23] E por mais longe que recuemos na história da disciplina, ele parece assombrar o campo da prática e da teoria analíticas, quer como um espectro fugaz pouco influente, quer como um monstro onipotente que a sobrepuja, conforme as conjunturas sócio-históricas sejam mais ou menos favoráveis a seu desenvolvimento. Ora, ao examinar a literatura analítica contemporânea – ao recuar aos anos 1980, digamos –, e tendo sido nela formados, o mínimo que podemos dizer é que a disciplina esteve, até recentemente, sob o signo do verdadeiro Leviatã do psicanalismo. É ele que este livro se propõe a derrubar – sem tomá-lo por objeto, mas sugerindo um remédio. O psicanalismo é certamente uma tendência inerente a nossa disciplina, um dos desvios possíveis que a condenam a um impasse desnorteante. O psicanalismo supõe e reifica certa relação com a História, relação da qual pretendemos nos libertar, a começar por nossa própria história disciplinar.

Por uma história política da psicanálise

Nada é mais falso que a fábula de uma psicanálise neutra. É o que demonstram o vigor e a fecundidade da psicanálise politizada, a dos anos 1920 – hoje largamente "esquecida", ainda que apoiada pelo próprio Freud – e a dos anos 1970 – em geral desdenhada, mas que segue no rasto da primeira. Mas veremos que, para além dessas duas passagens paradigmáticas, o viés político da psicanálise é, na realidade, consubstancial a ela, inclusive – e talvez sobretudo – quando a psicanálise pretende evitá-lo e fracassa como psicanalismo.

---

23 Aurel Kolnai, *Psychoanalyse und Soziologie: zur Psychologie von Masse und Gesellschaft*. Wien: Internationaler Psychoanalytischer Verlag, 1920.

Por mais surpreendente que possa parecer para muitos analistas de hoje, Freud defendeu *na prática* uma visão política progressista, otimista, e mesmo favorável ao comunismo, pelo menos até 1927.[24] Essa visão foi bastante disseminada entre os analistas;[25] aliás, vários sustentaram e buscaram essa visão muito tempo depois de Freud. Nos anos 1920, a experiência vanguardista de Vera Schmidt e seu lar para crianças na Rússia bolchevique, hoje ignorada, mas revolucionária para a psicanálise de crianças e então única na Europa Ocidental, suscitará grande interesse em Freud e seus colaboradores, e servirá de exemplo a muitos analistas.

Vamos nos voltar também ao percurso de Wilhelm Reich. Longe dos clichês que o relegam à margem, sua posição nos anos 1920 o vincula à prestigiosa terceira geração de analistas, cujos membros tiveram intenso engajamento político.[26] Durante muito tempo, Freud apoiou esses jovens analistas que, entusiasmados e ainda sem o benefício de uma clientela particular, se dedicavam a uma prática clínica voltada aos mais pobres.

Veremos que a "rejeição" de Reich em 1929 – promovida incansavelmente pelos adeptos do pessimismo na psicanálise – decorre, na realidade, de uma importante inflexão teórica da parte de Freud. Em um contexto geopolítico fortemente degradado, esta engendrará uma nova orientação prática que, muito além do caso de Reich, colocará a grande maioria dos analistas em uma situação delicada. Ela terá consequências bastante graves para a psicanálise internacional – muito mais graves, retrospectivamente, do

---

24 O que, no entanto, não faz de Freud um comunista.
25 Russell Jacoby, *The Repression of Psychoanalysis: Otto Fenichel and the Political Freudians.* New York: Basic Books, 1983, p. 12.
26 Mesmo admitindo que esse engajamento foi provavelmente mais pronunciado que o da geração anterior, ele não ocorreu sem divergências de pontos de vista e conflitos geracionais, aos quais retornaremos; o fato é que *basicamente todos*, antigos e jovens, estavam engajados.

que a promoção desastrosa, na mesma época, de uma psicologia ariana por Jung,[27] contraexemplo por excelência na historiografia ortodoxa.

Na contramão dessa reviravolta freudiana, vemos a trajetória de Marie Langer, iniciada na virada dos anos 1930, como sendo igualmente decisiva para o destino da psicanálise. Marxista, feminista, comunista, ainda uma jovem psicanalista, ela se engaja de maneira resoluta na ação revolucionária. Como Reich, está convencida da unidade de sua luta nestas três frentes: psicanálise, marxismo e feminismo. Seguiremos seu percurso, da Viena Vermelha à Argentina, passando pelas Brigadas Internacionais na Espanha.[28]

Outra passagem, longa e instrutiva para nossa história, articula-se em torno de François Tosquelles. Formado na Catalunha pelos psicanalistas da Viena Vermelha exilados devido à ascensão do nazismo, assume a causa da comuna catalã, antes de revolucionar o Hospital de Saint-Alban, na França. A clínica de La Borde, fundada em 1953 por Oury (logo acompanhado por Guattari), se inscreverá em seu legado.

Por fim, evocaremos a renovação da psicanálise alemã em Heidelberg nos anos 1970 e a aventura do SPK, o "Coletivo Socialista de Pacientes". A radicalidade revolucionária dessa experiência e a violência de Estado desencadeada contra ela ecoam o trágico destino da psicanálise alemã confrontada com o nazismo nos anos 1930 e o silêncio que ainda cerca essa história – apesar dos numerosos trabalhos de historiadores – no campo psicanalítico.

Como o leitor deve ter compreendido, seguiremos um método inverso ao que aprendemos nas "escolas de psi-

---

27 Naquele momento, com Jung, já não se trata de psicanálise.
28 Ainda que não a sigamos até a Nicarágua, notemos de todo modo que ela continuará seu engajamento numa prática analítica junto aos revolucionários de Manágua.

canálise" parisienses. Em vez de uma leitura voltada para a exegese, trata-se, ao contrário, de abrir os textos para a História. Ao lançar luz sobre as redes e as práticas clínicas e políticas concretas dos analistas em seu contexto histórico, enquanto retornamos a certos textos fundadores – de Freud, mas não só –, vemos surgir toda uma outra história, uma história das práticas.[29] Esta, por sua vez, autoriza uma nova apreensão dos textos clássicos e de sua interpretação. Apesar da aparente heterogeneidade e da descontinuidade de nossa narrativa, que desfia as trajetórias de analistas em suas passagens históricas específicas, veremos tecerem-se filiações que as unem, seja na forma de estranhas repetições traumáticas que ressoam através de tempos, lugares e guerras, seja como experiências práticas que, apesar de toda a singularidade, se respondem em eco. Por fim, tentaremos mostrar o que nos une hoje a esses momentos politizados da psicanálise e também os obstáculos que deles nos separam. A história que aqui apresentamos é, antes de tudo, *uma história dos possíveis*, que reinterroga a narrativa oficial de nossa disciplina à luz de algumas de suas bifurcações decisivas; estas costumam ser desprezadas pela historiografia psicanalítica oficial francesa tal como é praticada nos departamentos de psicanálise das universidades ou nas "escolas" de psicanálise que conhecemos. Trata-se, afinal, de iluminar de outro modo o tempo presente da disciplina para, talvez, renová-lo e reconciliar-se com o divisor de águas da descoberta freudiana.[30] Decerto é preciso relem-

---

29 Estamos cientes, obviamente, das lacunas de nossa breve exposição, que poderia se deter em muitas outras figuras e experiências psicanalíticas ignoradas ou relegadas. Voltaremos a isso na conclusão deste livro.

30 Não sendo historiador por formação, o que me levou a esta investigação são, inicialmente, preocupações no âmbito da prática analítica clínica (ver meu livro anterior, *L'Héritage politique de la psychanalyse*, op. cit.). Mas sou levado a pensar, desta vez a exemplo de historiadores calejados, que essa mesma contingência e o *parti pris* dela decorrente dão força a meu intento e o tornam inteligível. Um escrito é sempre situado, e o rigor mínimo do pesquisador não con-

brar: o divã é essencialmente o lugar de uma contestação e de uma tomada de fala, e tanto uma como a outra foram, antes de tudo, obra de mulheres. A invenção por Freud da *talking cure* [cura pela fala] tem como ponto de partida o protesto de suas pacientes contra a ordem médica – esmagadoramente masculina – que não as escutava. Epilepsia, paralisia de membros, histeria não encontravam sua causa na etiologia orgânica. Como ignorar que a irrupção dos sintomas que nelas se manifestavam, como a inibição do pensamento, estava ligada à dominação social que as subjugava e à repressão de que eram objeto desde a infância, como Freud afirmou? Décadas depois, na época da guerra de libertação argelina, Fanon faria uma constatação similar com alguns de seus pacientes, antes colonizados, que mostravam sintomas como úlceras e deformações da coluna vertebral.[31] A psicanálise é o espaço de elaboração dessa fala singular, a princípio interditada, que procura se fazer ouvir apesar da dominação, da negação, da ascendência e da perversão; e o analista deve, com muita frequência, se fazer testemunha de um sofrimento mudo e sem nome que pode vir a se apossar do real do corpo e do qual somente o trabalho de cura pode libertar o sujeito. Essa possibilidade de o sujeito retomar seu destino, liberar os caminhos para seu desejo e sair de sua inferiorização é a promessa aberta pela psicanálise. No tumulto da dominação contemporânea e no momento do retorno ameaçador do paradigma da etiologia organicista, a cura pela fala permanece, graças a seu alcance revolucionário, eminentemente preciosa para os tempos presentes.

---

siste em pretensamente abstrair-se em nome da "objetividade", mas em reconhecer seu *parti pris*, que aqui, conforme se compreenderá, é o da primazia da *perspectiva revolucionária na psicanálise*.
31 Frantz Fanon, *Os condenados da terra* [1961], trad. Ligia Fonseca Ferreira e Regina Salgado Campos. São Paulo: Zahar, 2022.

[1] FREUD OLHA PARA O LESTE: VERA SCHMIDT E A PSICANÁLISE NO PAÍS DOS SOVIETES

Freud e a hipótese comunista

Certa doxa exegética tende a perceber em Freud um *pessimismo cultural* que seria específico à teoria analítica. Essa abordagem em geral remete a um de seus livros tardios, *O mal-estar na civilização*[1] (1930), no qual ele condena inequivocamente o comunismo; retomando a máxima hobbesiana segundo a qual "o homem é o lobo do homem", ele apresenta a repressão da cultura como um mal necessário e inevitável para dominar as forças pulsionais do indivíduo. Munidos dessa referência, alguns analistas chegam a afirmar que não há saída: o "Mal" estaria no Homem.[2] Outros,

---

1 Sigmund Freud, *O mal-estar na civilização* [1930], in *Obras completas*, v. 18, trad. Paulo César de Souza. São Paulo: Companhia das Letras, 2010. Evidentemente, o pessimismo cultural aparece anteriormente em sua obra, mas numa dimensão bem menor.
2 Sem apresentar as qualidades do pensamento de Hobbes, o psicanalismo fracassa aqui numa metafísica demonológica: "É próprio do homem gozar com o que é sujo, ou, se se preferir, impróprio, impuro, e nunca abandonar o desejo de fazer o mal". (M. Schneider,

menos inebriados pela metafísica do Mal, desenvolvem argumentos mais refinados, porém não menos problemáticos: o psicanalista deve adotar uma atitude de *neutralidade política*. Jones, o mais próximo dos colaboradores de Freud no fim de sua vida, autor de uma monumental hagiografia do mestre vienense – obra ainda hoje incontornável[3] –, não teria relatado que, segundo Freud, era preciso ter não cor política, mas "a cor da carne"?[4] A posição do mestre, portanto, supostamente se referia ao "*parti pris* [...] de não ter *parti pris*". Pessimismo ou "indiferentismo",[5] era assim que a leitura dominante e estabelecida arrazoava o conjunto da obra freudiana em sua dimensão política e, com frequência, por extensão, a psicanálise como um todo.

Ora, o leitor há de convir, tal leitura não é anódina. Para além de desconsiderar as nuances e a evolução do pensamento freudiano, ela ignora a realidade das *práticas psicanalíticas* engajadas na cidade que o próprio Freud havia iniciado – e é esse o objeto de nosso livro. Por ocasião do Congresso Psicanalítico Internacional de 1918, em Budapeste, Freud de fato pede que se amplie para os mais carentes o alcance da psicanálise clássica, até então direcionada apenas aos mais abastados. Seu voto em favor de uma psicoterapia popular será realizado, uma vez que dezenas de policlínicas surgirão em toda a Europa após esse congresso. Em Budapeste, Berlim, Moscou, Viena, Zagreb, Londres, Trieste, Roma, Frankfurt, Paris, todos os analistas das maiores capitais dessa época respondem a seu apelo.

Big Mother, op. cit., p. 11.). Compreende-se bem a política, naturalmente autoritária (e paternalista), que deve então se impor para evitar a guerra de todos contra todos.

3   A perspectiva de Jones ainda goza de autoridade nesses meios analíticos, embora tenha sido amplamente questionada pela maior parte dos historiadores.

4   Ernest Jones, *The Life and Work of Sigmund Freud*, v. 3. New York: Basic Books, 1957, p. 343 [ed. bras.: *A vida e a obra de Sigmund Freud*, v. 3, trad. Julio Castañon Guimarães. Rio de Janeiro: Imago, 1989].

5   P.-L. Assoun, "Freudisme et indifférentisme politique: objet de l'idéal et objet de la démocratie". *Hermès*, n. 5-6, 1989, p. 346.

Nesse empreendimento, não restam dúvidas sobre a questão política, que é abertamente assumida. Reflete-se até na ortografia escolhida para designar as policlínicas: prefere-se o "i" de "política" ao "y" que evoca a multiplicidade dos cuidados, de forma que a denominação indica claramente o engajamento na cidade. O psicanalista, então, é tudo menos indiferente, e a psicanálise está longe de ser neutra.

Esses analistas, porém, não são "revolucionários isolados", tampouco têm ligação com a "vanguarda". É a época toda que é revolucionária: impérios e monarquias aparentemente imutáveis e estabelecidos para a eternidade são derrubados por revoluções comunistas e socialistas. Em 1917, a Rússia abre o caminho; a Hungria e a Alemanha logo a seguirão. Para a maior parte dos atores, está em marcha um movimento mundial. Como seus contemporâneos, Freud tinha testemunhado as revoluções sociais do pós-guerra e, vale lembrar, tinha aprovado plenamente esse movimento – voltaremos ao assunto. Os vestígios do engajamento político teórico de Freud podem ser encontrados, com efeito, ao menos até 1927, em seu livro *O futuro de uma ilusão*, em que ele legitima a revolta das massas contra a cultura na qual uma minoria de indivíduos oprime a maioria:

> [...] se uma cultura não foi além do ponto em que a satisfação de uma parte de seus membros tem como pressuposto a opressão de outra parte, talvez da maioria – e esse é o caso de todas as culturas atuais –, então é compreensível que esses oprimidos desenvolvam forte hostilidade em relação à cultura que viabilizam mediante seu trabalho, mas de cujos bens participam muito pouco. Assim, não se pode esperar uma internalização das proibições culturais nos oprimidos [...]. Não é preciso dizer que uma cultura que deixa insatisfeito e induz à revolta um número tão grande de participantes não tem perspectivas de se manter duradouramente, nem o merece.[6]

---

6 S. Freud, *O futuro de uma ilusão* [1927], in *Obra completa*, v. 17, trad. Paulo César de Souza. São Paulo: Companhia das Letras, 2014, pp. 242-43.

Costuma-se ler esse livro de Freud à luz do anticomunismo e do pessimismo antropológico do seguinte, *O mal-estar na civilização*; e a justificativa política para essa postura se baseia na alegação de que, por natureza, as massas careceriam de inteligência e capacidade para acessar os argumentos: seriam necessários chefes para constrangê-las a obedecer. Isso é, no mínimo, ignorar as nuances de sua posição. Em *O futuro*, ao contrário, Freud confere um lugar decisivo à hipótese de que a internalização das proibições nos oprimidos fracassa devido à opressão exercida por uma minoria. Além disso, nesse mesmo livro, Freud circunscreve o objeto tanto de sua análise como de sua crítica: elas tratam da condição cultural de "nossa civilização, há muito consolidada".[7] Ele tem o cuidado de distinguir essa última, em seu capítulo introdutório, do novíssimo experimento revolucionário russo, a respeito do qual indica, à época, suspender seu juízo. Aqui, o psicanalismo corrói as ideias freudianas.[8] Mais grave, também cala a respeito da orientação prática freudiana concreta. Estrategicamente otimista, Freud dava crédito às reformas sociais progressistas. É por essa razão que, até *O futuro de uma ilusão*, ele reconhecia a opressão e a exploração de uma minoria sobre a maioria como causas fundamentais da insatisfação na civilização, sobre as quais era possível agir. Era, portanto, normal que ele admitisse empreendimentos como o comunismo, que visavam à melhora das condições materiais dos indivíduos. Por essa razão, nesse livro Freud concentrou o fogo de sua crítica em "nossa velha civilização": a condição religiosa seria passível de questionamentos, pois passara a produzir mais inconvenientes que vantagens ao manter as pessoas

---

7   Ibid., p. 239.
8   Os textos anteriores de Freud, em que a concepção de *O mal-estar na civilização* se articula a uma crítica política, sofrem da mesma sorte. No entanto, encontramos essa crítica política em diversos textos, por exemplo em "A moral sexual 'cultural' e o nervosismo moderno" [1908], in id., *Obra completa*, v. 8, trad. Paulo César de Souza. São Paulo: Companhia das Letras, 2015.

(em especial as mulheres) em uma ignorância e uma inibição propícias a sua dominação.

Contrariando a vulgata, não se deve ler *O futuro de uma ilusão* unicamente à luz da discussão que opõe Freud a seu amigo e correspondente suíço, o pastor Oskar Pfister, também psicanalista, que defendia a aliança da psicanálise com a religião. Ao menos, não se deve abstrair essa discussão do contexto revolucionário ao qual Freud alude constantemente. Analisar o futuro da ilusão religiosa impõe-se a ele naquele momento porque implica o devir de toda a sociedade e suas mutações, sobretudo em matéria de sexualidade. Esse livro, portanto, não é somente uma reflexão política geral conduzida de um ponto de vista analítico abstrato e metapsicológico, mas também uma análise da conjuntura contemporânea e uma tomada de posição política. O argumento sobre a violência das massas e a necessidade de contê-las só faz sentido na situação hegemônica da ideologia religiosa, que Freud critica e que, ademais, estava em declínio. Uma alternativa se apresenta a seus olhos: "Portanto, ou se faz uma severa contenção dessas massas perigosas, um rigoroso bloqueio de toda oportunidade para o despertar intelectual, ou uma profunda revisão dos laços entre civilização e religião".[9] Freud advoga, obviamente, pela segunda solução, que ele não hesita em comparar à "inexorabilidade de um processo de crescimento" semelhante ao de uma criança que se tornaria adulta – razão, entre outras, pela qual ele vê a religião como uma neurose infantil da Humanidade.[10] Ao preconizar que se "promova" esse processo, Freud passa casualmente de uma concepção evolucionista do progresso das sociedades à questão política da realização desse progresso na História contemporânea. Isso porque, para ele, trata-se de conceber "o progresso" por meio do qual os homens poderiam se encaminhar para

---

9 Id., *O futuro de uma ilusão*, op. cit., p. 279.
10 Ibid., p. 284.

a "reconciliação" com suas "instituições"[11] e, portanto, a cultura, e não de suportar a violência desta última como um mal necessário, inevitável e a-histórico. É certo que há renúncias e privações necessárias ao processo cultural.[12] Mas nem todas. É precisamente o caso das "restrições que concernem apenas a determinadas classes da sociedade", as que Freud nomeia "classes desfavorecidas".[13] Ao dar a palavra a um contraditor imaginário, cínico e reacionário (será que se trata realmente de Pfister, que em sua correspondência com Freud se queixa de seus colegas conservadores?), Freud expõe a perspectiva política e histórica que tem naquele momento: "[...] a história não lhe ensinou nada? A tentativa de substituir a religião pela razão já foi feita uma vez, de modo oficial e em grande estilo. Então não se lembra da Revolução Francesa e de Robespierre? Claro que sim, mas também se recorda da brevidade e do lamentável fracasso do experimento. Está sendo repetido agora na Rússia"![14]

Essa posição freudiana favorável à revolução, no caso em questão a Revolução Russa e suas reformas laicas, é amplamente ignorada no campo oficial; na realidade, porém, é bastante conhecida pelos especialistas da história da psicanálise na Rússia, que há muito tempo a destacaram.[15] O próprio Reich salienta formalmente: "De qualquer

---

11 Ao reconhecer "a origem puramente humana de todas as instituições e normas culturais. Com sua pretendida santidade, também desapareceria a rigidez e imutabilidade desses mandamentos e leis. Os homens poderiam compreender que estes são criados não tanto para dominá-los, mas para servir a seus interesses; adotariam uma atitude mais amistosa para com eles, visariam seu melhoramento". Ibid., pp. 281-82.
12 Trata-se das proibições fundamentais: assassinato, incesto, canibalismo.
13 Ibid., p. 242.
14 Ibid., p. 287.
15 Jean Marti, "La Psychanalyse en Russie, 1909-1930". *Critique*, n. 346, pp. 199-236, 1976; Martin Miller, *Freud au pays des soviets* [1998], trad. Sylvette Gleize. Paris: Les Empêcheurs de Penser en

maneira, a democracia social inicial russa era a tentativa mais humana possível dentro das condições históricas existentes e dada a estrutura do homem. Freud o havia explicitamente admitido".[16]

Ante os fatos históricos, é preciso então lembrar com veemência que nesse momento Freud não só não condena o comunismo russo como também, de certa forma, o defende. Provavelmente sem ignorar que as coisas correm mal na Rússia revolucionária, ele indica expressamente não pretender "julgar o grande experimento cultural", tendo em vista que "o experimento ainda não foi feito"; não hesita, aliás, em qualificá-lo de "grande experimento cultural" ainda em curso ou em mencionar "a grandiosidade desse plano e sua importância para o futuro da cultura humana".[17]

É certo que sempre haverá determinada porcentagem da humanidade que permanecerá associal em consequência de "um excesso de força instintual" no homem. No entanto, haveria chance legítima de uma transformação educativa e cultural reduzir a hostilidade da maioria em relação à cultura. Nesse texto, Freud defende a *possibilidade* da hipótese comunista, visto que ela parece capaz de realizar as reformas que ele almeja. A descrição da pulsionalidade humana

---

Rond, 2001. Freud, é verdade, manifesta reservas quanto à ideia de que seria preciso "eliminar a religião violentamente e de uma vez". Mas isso apenas para fazer coro a um dos argumentos de Marx, segundo o qual a religião é o ópio do povo, e para transportar sua crítica à situação nos Estados Unidos: "O crente não deixará que lhe tirem sua fé – seja com argumentos, seja com proibições. [...] Quem tomou sonífero durante décadas naturalmente não dorme quando o privam do remédio. O efeito das consolações religiosas pode ser igualado ao de um narcótico, algo que é bem ilustrado pelo que ocorre na América de hoje. Lá se procura [...] privar os indivíduos de toda substância que produz embriaguez, estímulo ou prazer, e saturá-los de temor a Deus, como compensação". S. Freud, *O futuro de uma ilusão*, op. cit., p. 291.
16 Wilhelm Reich, *A função do orgasmo* [1927], trad. Maria da Glória Novak. São Paulo: Brasiliense, 2004, p. 108, tradução modificada.
17 S. Freud, *O futuro de uma ilusão*, op. cit., p. 238.

e da destrutividade de nossa "velha civilização" não impede a transformação progressista nem esgota as possibilidades políticas, ao contrário. Seguindo sua perspectiva evolucionista e filogenética, Freud pleiteia indiretamente em favor de progressos sociais que parecem estar em vias de se realizar. Não é precisamente esse o objeto de seu livro, conceber uma educação não religiosa? Essa ambição é conduzida por uma esperança perfeitamente assumida, a de "desenterrar um tesouro" que "enriqueça a cultura": "Retirando as expectativas que havia posto no Além e concentrando na vida terrena todas as forças assim liberadas, ele provavelmente alcançará que a vida se torne suportável para todos e a civilização não mais oprima ninguém".[18] Não surpreende, portanto, que, segundo Wilhelm Reich, pouco tempo antes, em 1926, numa conversa particular, Freud tenha feito afirmações nas quais expressava "a esperança de que a experiência revolucionária na Rússia soviética pudesse ter sucesso".[19] Longe do contexto pessimista e pretensamente apolítico dos anos 1930, ao qual retornaremos adiante, é antes de tudo essa esperança esquecida e amplamente compartilhada por todos os analistas dos anos 1920 que deve nos interessar.

O engajamento prático de Freud e dos analistas

1917: uma verdadeira "manhã dos povos" despontou, é um choque das consciências que se propaga através dos países como um rastro de pólvora. A Revolução Russa deixa augurar a esperança de uma vida melhor para a maioria. Parece anunciar uma era nova. A Rússia, país então extremamente atrasado em termos econômicos, é como que projetada para a vanguarda das políticas progressistas que, desde o começo do século, vêm sendo elaboradas pelas diferentes internacionais socialistas e comunistas. Pouco a pouco, a

---

18 Ibid., pp. 290, 292-93.
19 J. Marti, "La Psychanalyse en Russie", op. cit., p. 235.

revolução se estende e continua em outras partes... O fim do Império Austro-Húngaro sobrévém pouco tempo após a revolução bolchevique. A cidade de Freud, Viena, proclama a república, pondo fim a seis séculos de monarquia. Freud relata a iminência dessa convulsão em suas cartas a Sándor Ferenczi, um psicanalista próximo a ele: apesar da "surda tensão" que sente, não pode "reprimir sua satisfação" com a ideia de uma "saída favorável" que veria "uma desintegração do Estado prussiano".[20] Na mesma veia, logo após o armistício, escreve: "Os Habsburgos [...] nada deixaram além de uma pilha de merda".[21] Longe da leitura ortodoxa, que promove, segundo uma ilusão retrospectiva, a ideia de uma cisão ideológica entre o movimento freudiano da Europa Ocidental e a Rússia revolucionária,[22] esta última, aos olhos dos atores dessa época, vai, ao contrário, se inscrever no mesmo horizonte que as turbulências políticas e ideológicas que toda a Europa igualmente viria a conhecer.

É no decorrer desse episódio intensamente revolucionário que Freud pronuncia seu célebre discurso fundador sobre as policlínicas, em 1918:

> Por fim, quero abordar uma situação que pertence ao futuro, que para muitos dos senhores parecerá fantástica, mas que,

---

20 S. Freud e Sándor Ferenczi, *Correspondance 1914-1919*, v. 2. Paris: Calmann-Lévy, 1996, p. 331.

21 Elizabeth Ann Danto, *As clínicas públicas de Freud: psicanálise e justiça social, 1918-1938* [2005], trad. Margarida Goldsztajn. São Paulo: Perspectiva, 2020, p. 19. Para este capítulo, retomamos livremente as análises dessa historiadora e seus dois únicos artigos traduzidos para o francês, na revista *Le Coq-Héron* e as do livro de Russell Jacoby, *The Repression of Psychoanalysis: Otto Fenichel and the Political Freudians*. New York: Basic Books, 1983.

22 Podemos notar que na outra extremidade do espectro revisionista encontram-se também os historiadores anticomunistas que afirmam que as policlínicas de Freud teriam sido financiadas pelo Comitê de Segurança do Estado soviético (KGB) através de Eitingon. Ver Alexander Etkind, *Histoire de la psychanalyse en Russie* [1995], trad. Irina Manson. Paris: PUF, 1995.

a meu ver, merece que tenhamos o pensamento preparado para ela. Os senhores bem sabem que nossa ação terapêutica não é muito extensa. Somos apenas um punhado de pessoas, e cada um de nós, mesmo trabalhando esforçadamente, pode se dedicar apenas a um número escasso de doentes. Na abundância de miséria neurótica que há no mundo, e que talvez não precise haver, o que logramos abolir é praticamente insignificante. Além disso, as condições de nossa existência nos limitam às camadas superiores da sociedade [...]. Para as amplas camadas populares, que tanto sofrem com as neuroses, nada podemos fazer atualmente.

Agora suponhamos que alguma organização nos permitisse aumentar nosso número de forma tal que bastássemos para o tratamento de grandes quantidades de pessoas. Pode-se prever que em algum momento a consciência da sociedade despertará, advertindo-a de que o pobre tem tanto direito a auxílio psíquico quanto hoje em dia já tem a cirurgias vitais. E que as neuroses não afetam menos a saúde do povo do que a tuberculose, e assim como esta não podem ser deixadas ao impotente cuidado do indivíduo. Então serão construídos sanatórios ou consultórios que empregarão médicos de formação psicanalítica, para que, mediante a análise, sejam mantidos capazes de resistência e de realização homens que de outro modo se entregariam à bebida, mulheres que ameaçam sucumbir sob a carga de privações, crianças que só têm diante de si a escolha entre a neurose e o embrutecimento. Esses tratamentos serão gratuitos.[23]

Por mais essencial que esse discurso de Freud tenha sido para a psicanálise, a defesa de uma psicanálise gratuita[24] na cidade não tem, nesse momento, nada de marginal.

---

23 S. Freud, "Caminhos da terapia psicanalítica" [1919], in *Obra completa*, v. 14, trad. Paulo César de Souza. São Paulo: Companhia das Letras, 2010, pp. 290-91.
24 É impressionante ver como determinada ortodoxia do psicanalismo só retém, dentre os textos de Freud, aqueles que tratam dos "inconvenientes" da gratuidade (especialmente seu artigo de 1913

O sucesso estrondoso desse discurso na época, que permitirá a criação de mais de uma dúzia de policlínicas nas maiores capitais, é a prova disso. Todos os atores progressistas de então voltam os olhos para o Leste, e muitos deles militam há muito tempo pelo advento de uma sociedade socialista. O engajamento dos analistas no projeto das policlínicas é indissociável desse horizonte revolucionário. Alguns até participam dele abertamente. Sándor Ferenczi, companheiro próximo de Freud, convencido de que os psicanalistas que subestimavam as "condições *reais* das diferentes classes da sociedade" abandonavam justamente aqueles para quem a vida cotidiana era particularmente penosa,[25] vê confiada a si, por intermédio do filósofo e dirigente revolucionário húngaro György Lukács, a primeira cátedra de psicanálise da República Húngara dos Conselhos, na Universidade de Budapeste.[26] Recebe também a incumbência de uma clínica privada, a fim de abrir um centro de tratamento analítico. Assim, deve-se destacar, a primeira "institucionalização" da psicanálise teve lugar em um Estado revolucionário. No conjunto, em virtude de seus posicionamentos sobre sexualidade e educação, os analistas acompanharam culturalmente as turbulências políticas. A grande maioria deles se posicionava claramente à esquerda no espectro político. Ernst Simmel presidia a Sociedade dos Médicos Socialistas. Mais radical, Helene Deutsch era próxima de Rosa Luxemburgo. Nem mesmo Freud fugia a essa regra. Em 1918, ele depositava suas esperanças na pessoa de Victor Adler, fundador da Segunda

---

sobre "O começo do tratamento") e "esquece" esse momento oficial de promoção da gratuidade do tratamento.
25 Apud E. A. Danto, "Une Révolution dans 'l'âme de l'homme'", trad. Judith Dupont. *Le Coq-Héron*, n. 201, 2010, p. 28.
26 Jean-Michel Palmier, "La Psychanalyse en Hongrie", in Roland Jaccard (org.), *Histoire de la psychanalyse*, v. 2. Paris: Hachette, 1982, p. 165; Michelle Moreau-Ricaud, "La Psychanalyse à l'université: histoire de la première chaire, Budapest, avril 1919-juillet 1919". *Psychanalyse à l'université*, v. 15, n. 60, pp. 111-27, 1990; Arpad Kadarkay, *Georg Lukács: Life, Thought, and Politics*. Oxford: Basil Blackwell, 1991.

Internacional que havia reunido os marxistas revolucionários e os socialistas reformistas,[27] de quem Trótski havia feito um retrato elogioso.[28] Os analistas promovem uma educação popular, abrem creches, militam pelo direito ao aborto. Freud apoia as experiências analíticas de seus colegas, como as de Siegfried Bernfeld e de August Aichhorn, que trabalham com jovens delinquentes. Ele endossa a fundação da *Zeitschrift für Psychoanalytische Pädagogik* [Revista de Pedagogia Psicanalítica], da qual participam todos os grandes nomes da psicanálise.[29] Em meados dos anos 1920, dá seu aval aos jovens analistas que decidem priorizar os meios operários; ao criar "postos avançados" visando aplicar a psicanálise nos bairros mais populares, eles vão ainda mais longe na realização do voto freudiano em favor de uma psicoterapia popular. Assim, Karl Landauer cria com Erich Fromm e alguns outros profissionais "a comunidade operária psicanalítica da Alemanha do Sudeste",[30] e Reich, com quatro outros analistas e três obstetras, abre seis centros de higiene sexual, "imediatamente lotados de gente",[31] para promover nos meios populares informações sobre educação infantil e contracepção.

Freud muitas vezes praguejou contra Viena e suas autoridades burguesas, sobretudo quando seus colegas e ele foram impedidos, durante alguns anos, de abrir uma policlínica na cidade. Ao mesmo tempo, era conhecido e reconhecido nessa cidade que conduzia projetos sociais radicais, e chegou a se inscrever em uma das campanhas do partido vienense para distribuir enxovais de bebê às famílias de

---

27 S. Freud e S. Ferenczi, *Correspondance 1914-1919*, v. 2, op. cit., p. 342.
28 Leon Trótski, "La Sociale-démocratie autrichienne: Victor Adler". *Kievskaya Mysl*, 13 jul. 1915.
29 Mireille Cifali e Jeanne Moll, *Pédagogie et psychanalyse*. Paris: Dunod, 1985.
30 Karl Landauer, *Theorie der Affekte und andere Schriften zur Ich-Organisation*, org. Hans-Joachim Rothe. Frankfurt: Fischer TB, 1991.
31 Constantin Sinelnikoff, "La Vie militante de Wilhelm Reich", in *L'Œuvre de Wilhelm Reich*, v. 1. Paris: Maspero, 1970, p. 15.

desempregados. Julius Tandler, famoso anatomista e brilhante professor universitário que, como administrador do sistema social da nova república, muito fez para diminuir a taxa de mortalidade infantil, reconhece: "Havia pouca controvérsia sobre o seu papel em Viena", acrescentando que Freud era "sem dúvida uma pessoa que influenciara seu tempo".[32] Nomeado cidadão honorário, por ocasião de seu septuagésimo aniversário Freud doará uma parte dos fundos acumulados à policlínica finalmente criada. Como outros médicos vienenses dos anos 1920, Freud redigia para suas sessões de tratamento os *Erlagscheine*, vales que funcionavam como moeda alternativa, típica das inovações da Viena Vermelha, reembolsáveis em dinheiro ou em tempo.[33] Numa carta a Paul Federn, membro da sociedade psicanalítica e do conselho municipal da cidade, Freud afirma que "ser pobre não é uma desgraça hoje".[34] A prática e os debates que à época animavam os analistas abrangiam "abordagens não tradicionais de tratamento". Eles pleiteavam "a igualdade de gêneros", a "descriminalização da homossexualidade" e a "liberação sexual".[35]

Nessa época, o psicanalista contribui para o político, e até o precede, indicando-lhe, mediante sua prática nova, o caminho a seguir. Freud, em seu discurso de Budapeste, especifica bem o que está em jogo na relação entre o Estado e as policlínicas: estas são constituídas *na expectativa* de que aquele "sinta como urgentes esses deveres" e os assuma... pois "um dia isso terá de ocorrer".[36] É preciso admitir que, de maneira geral, o contexto político se presta favoravelmente a essa perspectiva. O velho mundo e suas tradições desmoronam e a psicanálise parece identificar novos horizontes que serão decisivos. Sob a influência da obra *Psychoanalyse der Massen* [Psicanálise das massas], de Ernst Simmel, fundador

---

32 E. A. Danto, *As clínicas públicas de Freud*, op. cit., p. 300.
33 Id., "Une Révolution dans l'âme de l'homme", op. cit., p. 30.
34 Apud id., *As clínicas públicas de Freud*, op. cit., p. 301.
35 Ibid., p. xxxvii.
36 S. Freud, "Caminhos da terapia psicanalítica", op. cit., p. 292.

da policlínica de Berlim, o governo alemão esteve a ponto de instituir uma cátedra de psicanálise.[37] Será algo conquistado, como vimos, na Hungria revolucionária, sobre a qual Ferenczi relata: "A psicanálise é cortejada de todos os lados; tenho certa dificuldade em recusar todas as investidas".[38] Mas é mesmo na Rússia que a experiência irá mais longe, pois lá se instaura um Instituto Psicanalítico Estatal, ao qual estarão ligados clínicas e um lar para crianças. O voto freudiano por uma psicoterapia popular gratuita e assumida pela coletividade – voto que, diante dessa ausência, havia unido todos os grandes nomes da psicanálise na criação das policlínicas privadas – já não estava sendo realizado no país dos sovietes? "Impressionado" pelo empreendimento russo, Freud dará seu apoio, assim como Anna Freud e Marie Bonaparte; com exceção de Jones (que, aliás, não tinha assistido ao congresso fundador de Budapeste),[39] a maioria dos analistas farão comentários elogiosos sobre o Lar.[40] "Talvez a luz venha do Leste",[41] Freud havia confidenciado a Reich. Para a maior parte dos analistas, nesses anos revolucionários na Europa, a experiência russa era a representante incontestável de uma esperança para os movimentos progressistas dos quais eles participavam ativamente.

A revolução sexual e a psicanálise na Revolução Russa

A psicanálise era conhecida na Rússia antes de 1917, especialmente entre a elite intelectual, e uma parte importante dos artífices da revolução era favorável a ela. Pois para eles tratava-se de mudar a vida, tarefa de peso na situação russa.

---

37 Gilles Tréhel, "Ernst Simmel (1882-1947): Psychanalyse des masses". *L'Information Psychiatrique*, v. 92, n. 4, pp. 327-35, 2016.
38 S. Freud e S. Ferenczi, *Correspondance 1914-1919*, op. cit., p. 384.
39 Voltaremos ao assunto.
40 M. Miller, *Freud au pays des soviets*, op. cit., p. 93.
41 W. Reich, *Reich fala de Freud* [1967], org. Mary Higgins e Chester Raphael, trad. Bernardo de Sá Nogueira. Lisboa: Moraes, 1979, p. 21.

Antes da revolução, as leis sobre a família provinham da *Svod Zakonov*, ou codificação das leis do Império Russo, que permitia, entre outras coisas, que os pais mandassem prender seus filhos se eles os desobedecessem. O casamento era um sacramento, o divórcio não existia, a Igreja ortodoxa e sua moral exerciam uma forte ascendência na vida psíquica do indivíduo. A psicanálise permitirá repensar, em outras bases que não as religiosas, domínios como a educação, a relação homens–mulheres, a família, a sexualidade. Por isso, os revolucionários que chegaram ao poder lhe reservam um lugar na construção do novo regime social.

Mas o interesse pela psicanálise ultrapassa em muito o círculo das novas autoridades. Há, de fato, um verdadeiro entusiasmo pela psicanálise entre a juventude revolucionária russa dos anos 1920. Folhetos sobre Freud e a revolução sexual provenientes dos meios revolucionários alemães, especialmente feministas, circulam amplamente – a tal ponto que Lênin, hostil a essa abordagem, a denuncia como contrarrevolucionária. Clara Zetkin, figura feminista do Partido Comunista alemão e próxima de Lênin, fica siderada ao ouvi-lo declarar: "Disseram-me que nas reuniões de leitura e discussão com as operárias são examinados com preferência os problemas sexuais e do matrimônio. Como se isto fosse o objeto principal na educação política e no trabalho educativo. [...] Segundo dizem, o folheto mais difundido é o de uma comunista vienense sobre a questão sexual. Que bobagem é este folheto! [...] As alusões que se faz no folheto às hipóteses de Freud dão-lhe uma pretensa aparência científica, porém tudo isso é demagogia".[42]

Apesar dessa hostilidade e sob o impulso do feminismo, a Revolução Russa fará valer mais que nenhum outro regime de sua época o direito das mulheres. Aleksandra Kollontai, que em 1923 será uma das primeiras mulheres embaixadoras da história, cria com Inessa Armand o Jenotdel, departa-

---

42 Clara Zetkin, "Lênin e a questão sexual" [1925], in *Textos marxistas-leninistas-maoistas sobre a questão da mulher*, s/ trad. São Paulo: Seara Vermelha, 1999, p. 47.

mento encarregado dos assuntos femininos junto ao Comitê Central. Todos os valores passadistas que embasavam o sistema educativo e familiar da antiga sociedade são questionados. Promovem-se novas formas de relações amorosas e votam-se leis relativas a uma reforma sexual. "Comunas de jovens", no contexto dos Komsomol,[43] tentam libertar-se da vida familiar ao viver o amor livre de maneira coletivista e autônoma. Certas frações do movimento revolucionário oficial, à esquerda de Lênin e de Trótski, assumem abertamente a promoção de outros vínculos amorosos em substituição à família.[44] Para essa corrente libertária (então muito popular), a abolição da divisão do trabalho e de suas desigualdades segue de par com a abolição do que chamaríamos hoje de "desigualdades de gênero", em uma iniciativa de liberação sexual perfeitamente assumida.[45] Paralelamente à jornada de oito horas de trabalho ou ao direito à terra, o direito das

---

43 Constituídas por camponeses entre os mais pobres, essas comunas são no início apoiadas pelo poder bolchevique. Elas representam "a tentativa mais bem-sucedida de realizar o ideal comunista e libertário: democracia direta, igualdade radical e comunhão humana". Ver Éric Aunoble, *"Le Communisme, tout de suite": le mouvement des communes em Ukraine soviétique (1919-1920)*. Paris: Les Nuits Rouges, 2008. Como observa Aunoble, *kommunard* e *kommunist* são aí sinônimos.

44 Alexandra Kollontai, *Marxismo e revolução sexual* [1977], trad. Ana Corbisier. São Paulo: Global, 1982. Segundo Aleksandr Goikhbarg, jovem autor do novo Código da Família, trata-se na realidade de preparar o terreno para "um período" em que as "algemas de marido e esposa" se tornariam "obsoletas". A respeito do "espírito das leis" promulgadas, escreve ele: "'O poder proletário elabora seus códigos e todas as suas leis dialeticamente, para que cada dia da existência deles mine a necessidade de existirem.' Resumindo, o objetivo da lei era 'tornar a lei supérflua'". Ver Aleksandr Grigórievitch Goikhbarg, "Pervyi kodeks Zakonov RSFSR". *Proletarskaia revoliútsia i pravo*, v. 7, 1918, apud Wendy Goldman, *Mulher, Estado e revolução: política da família soviética e da vida social entre 1917 e 1936* [1993], trad. Natália Angyalonssy Alfonso. São Paulo: Boitempo, 2014, p. 19.

45 Sobre essas questões, entre outras, ver Arthur Clech, "Révolutions russes: l'émergence et l'affirmation d'une conscience de soi homosexuelle?". *Comment S'en Sortir*, n. 5, pp. 59-77, 2017.

mulheres ao voto é reconhecido, a paridade salarial com igual competência é promulgada, licenças-maternidade são estabelecidas. Pouco tempo depois de Outubro, são instituídos o casamento civil e a liberdade de divórcio. O decreto de 23 de janeiro de 1918 determina a separação completa entre Igreja e Estado. Assim, a vida amorosa e seus laços, bem como a educação escolar das crianças, são libertados dos antigos jugos. O programa do partido de 1919 vai ainda mais longe e prevê a socialização do trabalho doméstico para libertar as mulheres. Surgem projetos de cantinas públicas, creches e jardins de infância. As novas leis permitem igualmente aos esposos que escolham seu sobrenome: o da mulher, o do homem ou ambos.[46] O adultério e a homossexualidade desaparecem do código penal, assim como a autoridade do chefe de família, do código civil. Por fim, pela primeira vez no mundo, em 1920 o aborto é legalizado.[47] A reforma sexual instaurada pelos revolucionários torna-se um "modelo" para muitos reformadores e intelectuais do mundo inteiro.[48] As experiências mais audaciosas e mais vanguardistas ocorrem na Rússia, com frequência até mesmo fora de qualquer organização centralizadora.[49] Como a psicanálise, essa ciência nova do sexual e do inconsciente, poderia deixar de obter reconhecimento nesse contexto? Sua penetração na Rússia acompanha o ímpeto revolucionário, e muitos altos dirigentes russos, aliás, são favoráveis a ela.

Analista reconhecida antes da guerra[50] e engajada desde a primeira revolução russa, de 1905, Tatiana Rosenthal con-

---

46 Trótski adotará o sobrenome de sua esposa, Sedova.
47 W. Goldman, *Mulher, Estado e revolução*, op. cit.
48 Florence Tamagne, "La Ligue mondiale pour la réforme sexuelle: la science au service de l'émancipation sexuelle?". *Clio: Histoire, Femmes et Sociétés*, n. 22, 2005, p. 8.
49 Richard Stites, *Revolutionary Dreams: Utopian Vision and Experimental Life in the Russian Revolution*. Oxford: Oxford University Press, 1989.
50 Como escreve Anna Maria Accerboni, "Freud a conhecia e considerava sua formação suficientemente séria para reconhecê-la como psicanalista". Com Sabina Spielrein, ela está entre os quatro mem-

tinua após 1917, na cidade revolucionária de Petrogrado, a tratar os doentes mentais por meio da psicanálise, além de dirigir uma escola para crianças de rua. Para ela, não existe nenhuma ruptura entre Marx e Freud, muito pelo contrário,[51] sendo essa convicção relativamente corrente entre os analistas nessa época. É nessa perspectiva que, alguns anos depois da revolução, é criado o Instituto Psicanalítico Estatal. Martin Pappenheim, membro da Sociedade Psicanalítica de Viena e próximo de Freud, afirma, ao regressar de uma viagem à Rússia, que "há um interesse considerável pela psicanálise em Moscou". Alguns trabalhos dos analistas russos já eram publicados na "revista freudiana".[52] A psicanálise é ensinada nas instituições de maneira oficial, como qualquer outra disciplina. A editora governamental de publicação dos sovietes (Gosizdat) funda "A nova livraria psicanalítica russa". A coleção é um sucesso: os estoques de obras psicanalíticas são rapidamente esgotados e terão constantes reedições. Melhor ainda, várias clínicas psiquiátricas e centros de acolhimento tratam gratuitamente seus pacientes conforme o método psicanalítico. A vontade expressa por Freud em seu discurso de Budapeste é realizada: os pobres têm direito à psicanálise do mesmo modo que ao auxílio cirúrgico. Era normal, portanto, que Freud, como a grande maioria de seus colegas, apoiasse os analistas bolcheviques russos e a adesão da Sociedade Psicanalítica Russa à Associação Psicanalítica Internacional (IPA).[53]

---

bros russos da Sociedade Psicanalítica de Viena. Ver Anna Maria Accerboni, "Tatiana Rosenthal (1885-1921): une brève saison analytique" [1992], trad. Sabine Bollack. *Revue Internationale d'Histoire de la Psychanalyse*, n. 5, 1992, p. 97.
51 J. Marti, "La Psychanalyse en Russie", op. cit., p. 205.
52 M. Miller, *Freud au pays des soviets*, op. cit., p. 87.
53 No entanto, será notada a exceção de Jones, relutante à integração desses psicanalistas russos na IPA... o que exigiu a intervenção de Abraham e Freud (J. Marti, "La Psychanalyse en Russie", op. cit., pp. 215-16).

A psicanálise de crianças e a educação na Rússia revolucionária

Em 1921, Melanie Klein formulava expectativas que então pareciam da ordem da prospectiva:

> Como é possível desenvolver na prática uma educação baseada em princípios psicanalíticos? A condição estabelecida com tanta firmeza pela experiência analítica de que pais, babás e professores também sejam analisados provavelmente continuará a ser um desejo utópico por muito tempo. [...] Gostaria de fazer uma sugestão que é apenas um fruto da necessidade, mas que poderia ser eficaz até que novos tempos tragam outras possibilidades. Refiro-me à criação de colégios infantis dirigidos por mulheres analistas. Não há dúvida de que uma mulher analista que trabalhe com um grupo de babás instruídas por ela pode observar todo um grupo de crianças, detectando os casos em que a análise é necessária e iniciando-a logo em seguida.[54]

Ora, em outubro de 1923, quando Vera Schmidt e seu marido vão a Berlim e a Viena para fazer um relato do movimento psicanalítico russo, a vontade de Melanie Klein já está realizada. Vera Schmidt é psicanalista, membro-fundadora da Sociedade Psicanalítica Russa. Formada nos métodos do pedagogo Friedrich Fröbel, inventor do jardim de infância que defendia uma pedagogia baseada na importância da brincadeira para as crianças pequenas, ela trabalha no departamento da infância no Comissariado do Povo para a Instrução Pública. É nesse contexto que ela funda um lar para crianças experimental, o Detski Dom, que acolhe os pequeninos.[55]

---

54 Melanie Klein, "O desenvolvimento de uma criança" [1921], in *Amor, culpa e reparação e outros trabalhos (1921-1945)*, trad. André Cardoso. Rio de Janeiro: Imago, 1996, pp. 74-75.
55 Ela realiza, assim, a ideia de Tatiana Rosenthal. Ver A. M. Accerboni, "Tatiana Rosenthal", op. cit., p. 102.

No meio analítico, em que as abordagens clássicas são questionadas, a pedagogia é há muito tempo objeto de estudo privilegiado. Em 1908, Ferenczi escrevia em *Psicanálise e pedagogia*:

> A pedagogia atual constitui um verdadeiro caldo de cultura das mais diversas neuroses [...] mesmo a educação guiada pelas mais nobres intenções e efetuada nas melhores condições – uma vez que esteja baseada nos princípios errôneos geralmente em vigor – influencia de forma nociva e de múltiplas maneiras o desenvolvimento natural [...] muitos sofrimentos psíquicos inúteis podem ser atribuídos a princípios educativos impróprios.[56]

Trata-se, em suma, de não deixar a educação a cargo dos pedagogos diplomados. A atualidade política do pós-guerra parece enfim favorável a outras abordagens. O Ocidente, aliás, já viu tentativas de experiências de educação orientadas pela psicanálise, especialmente em 1919 em Berlim, com o Kinderheim Baumgarten, lar escolar para crianças sem-teto do qual se ocupa Bernfeld. É nessa época também que se desenvolve a análise de crianças com Hermine Hug-Hellmuth, Berta Bornstein, Melanie Klein e Anna Freud. Ainda que essas abordagens comecem a influenciar as instituições existentes, a experiência russa do lar, que promove explicitamente "uma educação baseada nos princípios analíticos", representa a vanguarda.

A questão de uma educação progressista havia sido estabelecida como uma prioridade absoluta do novo Estado socialista. Para Lênin, fez-se "do ensino uma paliçada que impede o progresso dos filhos dos trabalhadores" e essa paliçada deveria "ser derrubada".[57] A Rússia anterior à revolução era efetivamente um país retrógrado, em que o atraso cultu-

---

56 S. Ferenczi, *Psicanálise e pedagogia* [1908], in *Obras completas: Psicanálise I*, trad. Álvaro Cabral. São Paulo: WMF Martins Fontes, 2011, p. 39.
57 Apud F. V. Garmonov, "La Planification de l'enseignement en URSS". *Revue du Tiers-Monde*, n. 1-2, 1960, p. 85.

ral era enorme: mais de três quartos da população eram analfabetos e 80% das crianças não frequentavam a escola. Agora a educação era pensada pelos revolucionários como a chave que permitiria o desenvolvimento da sociedade socialista.

A prática do lar de crianças

Afirmar a superioridade da psicanálise sobre a pedagogia clássica não tem nada de trivial: implica uma completa inversão da ordem que até então ditava as práticas educativas. A criança e os pequeninos não são somente reconhecidos como pessoas completas – o que em si já é uma verdadeira revolução, quando nos lembramos do *Zvod Zakonov* –, como são também considerados por meio das manifestações de sua sexualidade polimorfa e em seu apetite pelo saber, dois aspectos decisivos que lhes eram negados justamente pelas pedagogias clássicas. Desde muito cedo, Freud havia se interrogado sobre a pedagogia, questionando seus objetivos reais: "Se a intenção do educador é sufocar na criança, o mais rapidamente possível, a capacidade para o pensamento independente, em prol da tão louvada 'boa conduta', o melhor caminho para isso é a desorientação no âmbito sexual e a intimidação na esfera religiosa".[58] Freud tinha mostrado o vínculo estrutural entre o recalque sexual e o declínio da curiosidade científica, que juntos resultam no "medo de pensar". Assim, ao contrário da pedagogia clássica, Vera Schmidt concede grande importância ao desejo epistemofílico infantil e à relação verídica do adulto com a criança em sua busca de saber.[59] Também Melanie

---

58 S. Freud, "O esclarecimento sexual das crianças" [1907], in *Obra completa*, v. 8, op. cit., pp. 321-22. Sobre o medo de pensar instilado nas mulheres por meio da educação e da religião, ver "A moral sexual 'cultural' e o nervosismo moderno", op. cit., p. 383.
59 Retomamos aqui, em parte, a análise de Jean-Marie Brohm, "Présentation", in Vera Schmidt e Annie Reich, *Pulsions sexuelles et éducation du corps*. Paris: 10/18, 1979, pp. 15-29.

Klein insiste nesse aspecto. A censura e a mentira são catastróficas para "o instinto de conhecimento da criança": "Se a curiosidade natural e o impulso de inquirir sobre fatos e fenômenos desconhecidos ou apenas conjeturados encontram uma resistência externa, então indagações mais profundas [...] são igualmente reprimidas. Isso afeta o impulso de investigar a fundo qualquer questão mais complexa, que fica inibido".[60] Como seus homólogos do Ocidente, Schmidt preconiza a franqueza e a sinceridade, e as põe em prática nas respostas dadas às crianças no lar. Confia-se na criança e em suas capacidades intelectuais. Graças a uma linguagem a seu alcance, a criança ganha acesso ao realismo científico do qual, no fundo, ela está à espera. É ainda um meio de prepará-la para a realidade, premunindo-a contra as quimeras religiosas. Mas tal abordagem, radicalmente nova, implica uma revolução na prática, a começar pela do educador.

Quando a criança não é reprimida em seu desejo de saber, mas acompanhada, o educador deve começar um "trabalho sério" – uma análise – para "se libertar dos preconceitos que sua própria educação lhe legou". O bom desenvolvimento da criança dependerá "de sua relação com a pessoa educadora".[61] Essa aposta no papel da transferência na relação pedagógica acarreta algumas mudanças na relação do pedagogo com a criança. Dando uma série de indicações, Schmidt desconstrói sutilmente o autoritarismo que regia a antiga educação: "A renúncia à satisfação pulsional não deve se realizar por meio de uma proibição pronunciada pelos educadores. A criança não deve parar de se sujar porque não deve se sujar, mas porque aprende aos poucos que pode igualmente manter-se limpa";[62] "em vez de dar ordens diretamente à criança, o que só vai sus-

---

60 M. Klein, "O desenvolvimento de uma criança" op. cit., p. 41.
61 V. Schmidt, "Éducation psychanalytique en Russie soviétique", in V. Schmidt e A. Reich, *Pulsions sexuelles et éducation du corps*, op. cit., p. 66.
62 Ibid., p. 65.

citar sua resistência, devemos explicar-lhe racionalmente, desde a mais tenra idade, o que esperamos dela".[63] O educador formado na análise sensibiliza-se para a questão do desenvolvimento psicossexual da criança, que ocupa o centro de sua atenção pedagógica. É assim que ele privilegia as vias da sublimação, propondo, por exemplo, para os diferentes estágios identificados (oral, anal), brincadeiras apropriadas (areia, desenhos etc.). Do mesmo modo, ele responde com honestidade às perguntas que a criança faz. Essa inversão das práticas, que sinaliza o reconhecimento da criança como sujeito, só é possível porque "a autoridade do educador é substituída por um contato com a criança, graças à transferência".[64] Assim, a lei que se impõe à criança é introjetada tranquilamente por meio da relação com o educador, e não suportada ou imposta arbitrariamente de fora. A psicanálise torna-se aqui o pré-requisito de qualquer trabalho pedagógico verdadeiro. Schmidt não transige nesse ponto: se, "apesar de seus esforços" e "sua análise pessoal", uma educadora "não conseguisse considerar as manifestações sexuais infantis sem repulsa nem aversão, seria melhor que ela renunciasse de maneira geral à profissão de educadora".[65]

Para Vera Schmidt, além de ser incontornável para que o pedagogo suplante os próprios preconceitos, a análise responde também a uma necessidade situada em uma escala totalmente diversa. Trata-se de impedir uma repetição mortífera e inútil, instruída pela cultura, em que o personagem do pedagogo não passa de uma engrenagem. Freud afirma em *O futuro de uma ilusão*: se os homens são "governados por seus desejos instintuais" e "pouco acessíveis aos motivos racionais", não é que "sua íntima natureza os obriga a isso".[66] Não é uma causa "antropológica" que impede o acesso do sujeito ao pensamento, mas a educação religio-

---

63 Ibid., p. 64.
64 Ibid., p. 63.
65 Ibid., p. 66.
66 S. Freud, *O futuro de uma ilusão*, op. cit., p. 288.

sa.⁶⁷ Em apoio a essa abordagem social do sujeito, e na contramão de uma abordagem constitucionalista amplamente disseminada que consistia em naturalizar os caracteres dos sujeitos assim como os dos povos, Freud pergunta: "Um antropólogo é capaz de fornecer o índice craniano de um povo que tem o costume de pôr bandagens nas cabeças das crianças desde cedo, deformando-as? Pense no penoso contraste entre a radiante inteligência de uma criança saudável e a fraqueza de intelecto de um adulto mediano. Não será possível que justamente a educação religiosa tenha boa parte de culpa por essa relativa atrofia?".⁶⁸ Mas, desde o começo do século XX, a abordagem da clínica freudiana levava em conta essa interrogação crítica da causalidade sociopolítica: "O que se pretende", perguntava Freud, "ao recusar às crianças – ou aos jovens, digamos – tais esclarecimentos sobre a vida sexual humana? [...] Espera-se, com esse ocultamento, reter [a pulsão] sexual até o momento em que ela possa apenas tomar o caminho que lhe é aberto pela ordem social burguesa?".⁶⁹ Freud sabia bem que era "impossível executar uma reforma isolada" e que, para a reforma que conclamava, era preciso "mudar os alicerces do sistema"⁷⁰ nos países onde a religião tinha controle sobre a educação, como era o caso da Rússia. Não seria essa precisamente a perspectiva de Schmidt? Aliás, logo depois do fechamento do lar em 1924 e da tomada do poder por Stálin, Freud continua a afirmar essas necessidades civilizatórias: ele falará de "desenterrar um tesouro" e da "esperança quanto ao futuro"⁷¹ que a perspectiva de uma educação orientada pela psicanálise suscita.

---

67 Ibid.
68 Ibid., pp. 288-89.
69 Id., "O esclarecimento sexual das crianças", op. cit., pp. 315-16.
70 Ibid., p. 324.
71 Id., *O futuro de uma ilusão*, op. cit., p. 290.

[2] WILHELM REICH, DA POLICLÍNICA DE VIENA À SEXPOL EM BERLIM

Quando Wilhelm Reich chega a Viena em 1918, não é levado pelo ideal revolucionário, mas impelido pela necessidade. Órfão aos catorze anos, vem de uma família de proprietários rurais de origem judaica da região da Galícia, na Europa Oriental, que perdera tudo durante a guerra. Sozinho, sem dinheiro e ignorante, o jovem Reich vai estudar em Viena. Escolhe a medicina e a psiquiatria.[1] A cidade é, nesse momento, um epicentro dos movimentos políticos e culturais. O fauvismo, a música atonal, o futurismo, os movimentos pela emancipação das mulheres, bem como a psicanálise e debates epistemológicos acadêmicos sobre a ciência já "movimentavam" a república de Weimar desde antes da guerra; no começo da década de 1920, porém, essa ebulição passa por seu apogeu na cidade que Reich está descobrindo. Ao ser enlevado por essa atmosfera, como todos os analistas de sua geração, sua consciência política vai se formando de maneira progressiva: ela emergirá de sua própria prática na policlínica de Viena.

---

1   Estudos que concluirá, respectivamente, em 1922 e 1924.

Os fundamentos clínicos do engajamento político de Reich: a policlínica

Reich então se lança aos estudos de medicina e de psiquiatria. Segue especialmente os cursos do eminente dr. Tandler, o reformador do sistema social evocado anteriormente. Durante sua formação, participa de um seminário de sexologia, em que faz uma fala sobre "Os conceitos de instinto e libido, de Forel a Jung", com destaque para as concepções de Freud. Declara que a descoberta das teorias freudianas foi para ele "um alívio", sobretudo os *Três ensaios de uma teoria da sexualidade*, que revolucionavam as concepções anteriores. A sexualidade não aparecia na puberdade, existia uma sexualidade infantil: "Freud havia aberto uma estrada para a compreensão clínica da sexualidade. Mostrou que a sexualidade adulta procede de estágios de desenvolvimento sexual na infância".[2] Reich encontra o mestre vienense, que lhe causa uma forte impressão. Mas o que o impacta, sobretudo, é a preocupação clínica do mestre:

> Eu estava profundamente emocionado pela seriedade com que Freud procurava entender os pacientes mentais. As suas ideias estavam muito acima das opiniões "pedantemente afetadas" com que os psiquiatras da velha escola se expressavam sobre a doença mental. Eles se contentavam em decretar este ou aquele como "louco".[3]

Contrariamente a muitas análises que afirmam o desinteresse de Freud pela clínica, o encontro do jovem Reich com Freud se sela em torno de um interesse comum pelos pacientes. A partir de então, Reich rapidamente ganhará um lugar importante na psicanálise. Em 1920, com apenas 22 anos, torna-se membro da Sociedade Psicanalítica de Viena, e logo é convidado a assumir responsabilidades.

---

2   Wilhelm Reich, *A função do orgasmo* [1927], trad. Maria da Glória Novak. São Paulo: Brasiliense, 2004, p. 21.
3   Ibid., p. 26.

Quando a policlínica de Viena é criada em 1922, é nomeado primeiro assistente, atuando com Hitschmann e Freud. Será vice-diretor de 1928 a 1930.

Imerso na clínica, Reich vê-se confrontado com o mal-estar dos pacientes, razão pela qual as questões da técnica analítica e do alcance do tratamento logo vêm a ocupar um lugar decisivo em sua atividade e suas publicações: trata-se de saber como cuidar das pessoas. De 1924 a 1930, organiza na policlínica um seminário sobre a técnica analítica, em que aborda casos concretos e tenta explicar as saídas positivas do tratamento, mas também os impasses enfrentados pelo profissional. Na época, os analistas estão persuadidos de que um tratamento pode levar à cura em questão de meses. Reich constata que a realidade é bem diferente e que o analista depara com incontáveis obstáculos. Ele se abre para Freud, que lhe responde: "Sobretudo [...] análise significa paciência. O inconsciente é intemporal".[4] Mas essa resposta teórica não o satisfaz: "Freud era um mestre em esclarecer teoricamente as dificuldades de uma situação complicada. Mas, do ângulo da técnica, suas explicações eram insatisfatórias".[5] Freud levara seis anos para analisar o Homem dos Lobos; ora, os pacientes que Reich recebe são pobres demais para um trabalho tão longo, e a instituição onde Reich atua – que tem muita dificuldade em atender a todas as demandas – certamente não o permite. Mesmo se todos os analistas da policlínica oferecessem uma hora gratuita de análise para os pacientes, isso estaria longe de dar conta da afluência. Como atender à urgência das situações e ao sofrimento dos pacientes, que são muito reais e merecem terapia? Em todo caso, Freud indicava um caminho: era preciso dedicar-se à "análise das resistências". Reich explorará a fundo essa pista até formular novas proposições teóricas sobre "o trabalho de análise do caráter", que lhe permitirão resolver os problemas encontrados no tratamento e que Freud apoiará sem reservas.[6]

---

4 Ibid., p. 29.
5 Ibid.
6 Ibid., p. 44.

O seminário de Reich na policlínica

Se o fundador da psicanálise dá seu aval ao seminário de Reich (e isso se mantém até o fim), não se pode dizer o mesmo dos colegas mais velhos. Eles não gostam que Reich aborde os problemas da prática psicanalítica: "Alguém que queira trazer luz à controversa questão da terapia analítica [...] é encarado com um olhar de despeito. [...] De onde brota essa timidez em discutir a nossa terapia [...]?".[7] Para ele, na realidade, existe aí um sintoma. Enquanto seus colegas mais consagrados só dão testemunho de tratamentos bem-sucedidos ou então simplesmente desdenham o sujeito – adotando o preconceito segundo o qual Freud não teria a terapia em grande estima –, Reich fala de seus fracassos e tenta esclarecê-los nas discussões públicas. Essa atitude causa alguns aborrecimentos com os membros mais antigos da Associação Psicanalítica Internacional, mas lhe granjeia grande sucesso entre a jovem geração de analistas que vêm escutá-lo. É o caso, por exemplo, de Richard Sterba, que nos fornece este precioso comentário:

> [Reich] tinha um faro incomum para detectar a dinâmica psíquica. Sua argúcia clínica e competência técnica faziam dele um excelente professor; seu seminário era tão instrutivo que até muitos dos mais antigos o assistiam regularmente. [...] Reich brilhava em especial na maneira como sintetizava o relato do caso, síntese que ele organizava segundo sua compreensão perfeita da dinâmica em curso no material. Os conselhos técnicos que ele dava a quem relatava o caso me permitiram compreender o manejo da transferência e de suas resistências.[8]

Suas investigações e as interrogações às quais ele dá livre curso em seu seminário, assim como o sucesso alcançado

---

7   Id., *Reich fala de Freud* [1967], org. Mary Higgins e Chester Raphael, trad. Bernardo de Sá Nogueira. Lisboa: Moraes, 1979, pp. 139-40.
8   Richard Sterba, *Réminiscences d'un psychanalyste viennois*. Toulouse: Privat, 1986, p. 37.

entre os jovens em formação e a proteção concedida por Freud suscitam ciúme e incomodam os analistas mais veteranos – especialmente porque Reich conduz suas pesquisas em nome de objetivos clínicos dificilmente contestáveis.[9] Paul Federn, psicanalista da primeira geração, próximo de Freud, chega a tentar tirá-lo da direção de seu próprio seminário, mas encontra a oposição de Freud.[10] Reich, por sua vez, evita falar diante da Associação Psicanalítica Internacional desde 1923, data de sua apresentação sobre "A genitalidade de um ponto de vista do prognóstico e da terapia". Nessa fala, em que recorre a 28 casos de neuroses masculinas e 14 de neuroses femininas, ele já se propunha a dar conta de processos inexplicados pela teoria clássica. É nessa ocasião que apresenta suas concepções sobre a pri-

---

9 Antes da implementação de seu seminário, jovens analistas se reuniam de maneira mais ou menos oficiosa. Essas reuniões já não eram bem-vistas pelos "antigos". Richard Sterba conta que seu próprio analista, Hitschmann, o "proibiu rigorosamente de assistir às reuniões privadas dos mais jovens", o que o leva a dizer que "alguns dos membros antigos estavam enciumados do ardor dos mais jovens" em perseguir seu desenvolvimento individual e "ampliar seu conhecimento analítico". Ibid., p. 33.

10 Freud continua a apoiar Reich em 1930 em sua correspondência com Federn (ver Sigmund Freud, *Cartes postales, notes, et lettres de Sigmund Freud à Paul Federn, 1905-1938*, trad. Benjamin Lévy. Paris: Ithaque, 2018). Além disso, vale notar que Paul Federn é o analista de Wilhelm Reich e presumivelmente demonstra uma forte contratransferência negativa e não analisada em relação a seu jovem paciente (nessa época, esse problema ainda não fora claramente formulado). Sobre essas questões (e sobre a hostilidade de alguns dos colegas vienenses de Reich), ver Lore Reich Rubin, "Wilhelm Reich and Anna Freud: His Expulsion from Psychoanalysis". *International Forum of Psychoanalysis*, v. 12, pp. 109-17, 2003. Por fim, mencionemos que Federn é autor de um ensaio em que analisa a contestação da autoridade pela geração do pós-guerra como um parricídio inconsciente movido pela ambição de instaurar uma "sociedade sem pai" (Paul Federn, *Zur Psychologie der Revolution: die vaterlose Gesellschaft*. Leipzig: Suschitzky, 1919). Pode-se aventar a hipótese de que a vinda de Reich a Viena e a importância que ele adquiriu no movimento analítico confirmaram, a seu ver, sua tese questionável.

mazia do genital, insistindo na importância da resolução da neurose atual.[11] A releitura presente desse discurso deixa ver o grande domínio de Reich na articulação da clínica com a teoria, articulação que ele discute de maneira original.[12] Ele se coloca não somente como epistemólogo ou teórico mas também como terapeuta preocupado com seus pacientes.

No congresso de 1922 em Berlim, Freud tinha sugerido como tema de ensaio para um concurso a questão das relações mútuas entre teoria e terapia. Reich não se apresentou e nenhum concorrente levou o prêmio. Mas não há dúvida de que a fala de Reich em 1923, bem como seus desenvolvimentos ulteriores, respondia ao chamado de Freud a conduzir tal investigação.

Confrontado com seus pacientes e com a necessidade clínica, e seguindo a indicação freudiana, Reich se empenha em direcionar a análise para a eliminação "das resistências". Ora, em três de seus pacientes ele constata que a queda de suas resistências graças à análise é acompanhada por uma dissolução do recalque e pela cura. A dissolução do recalque permite a descarga sexual da libido fixada: a função do orgasmo é restabelecida. Sem passar pelo longo e custoso desvendamento do inconsciente, em que se buscam as causas infantis – busca que, aliás, nem sempre permite uma saída favorável –, a clínica mostra que existe uma possibilidade de terapia muito mais rápida, por meio da libido genital. Para justificar teoricamente essas observações, Reich retoma a noção de neurose atual proposta por Freud, a qual este nunca havia abandonado. Ao contrário da psiconeurose clássica, a neurose atual em teoria não era analisável, pois encontrava sua origem em um distúrbio recente – "atual" – da vida sexual. Era o resultado imediato de uma sexualidade recalcada, portanto não tinha etiologia psíquica. Desse modo, segundo Freud, podia-se aplicar um tratamento sim-

---
11   Neuroses atuais agrupam a neurose de angústia e a neurastenia.
12   Tal como em seus primeiros artigos: "Der Koitus und die Geschlechter" [O coito e os sexos], 1921; "Über Spezifität der Onanieformen" [Sobre a especificidade das formas de onanismo], 1922.

ples: bastava eliminar as práticas sexuais "nocivas"[13] para que a neurose desaparecesse. Mas Freud nunca excluíra que, talvez, no cerne de toda psiconeurose exista uma neurose atual, ou seja, um problema sexual atual do qual ela deriva sua energia. Além do mais, prosseguia Reich, a análise poderia igualmente revelar que toda neurose atual tinha também por superestrutura uma psiconeurose, isto é, um conflito psíquico infantil. A ideia geral do estudo de Reich era unificar a teoria das neuroses e mostrar o impulso decisivo do aspecto econômico da neurose no manejo da transferência e do tratamento.[14] Ainda que respaldadas e argumentadas, e sem entrar em conflito com a perspectiva de Freud – a qual, ao contrário, prolongavam –, essas ideias são recebidas pelos membros oficiais da associação com um "frio polar", segundo o próprio Reich.

Reich forma os novos analistas que esperam seu auxílio e suas intervenções, e entre os quais ele desfruta de uma grande audiência. Praticamente todos os analistas da terceira geração assistirão a seu seminário, incluindo Anna Freud, filha do mestre. Esses jovens analistas que estão começando e não têm clientela privada deparam com os mesmos problemas e as mesmas interrogações que Reich em sua prática cotidiana com os pacientes da policlínica. Embora ele prefira realizar suas investigações no âmbito do seminário, a antiga geração dificilmente suporta a liberdade que isso confere a Reich.

Aliás, um eco desse conflito geracional é encontrado na policlínica de Berlim em torno de outra figura importante

---

13 Freud cita a contenção, o *coitus interruptus* ou a masturbação excessiva.

14 Para uma exposição detalhada das concepções de Reich e sua discussão com as teorias analíticas, remeteremos às análises de Constantin Sinelnikoff, *L'Œuvre de Wilhelm Reich* [1970]. Paris: Les Nuits Rouges, 2002, pp. 53-75. De maneira geral, em nosso capítulo sobre Reich tomaremos de empréstimo muitas de suas brilhantes análises. Baseamo-nos igualmente – em menor medida – no livro de Jean-Michel Palmier, *Wilhelm Reich*. Paris: 10/18, 1969.

do movimento psicanalítico engajado, Otto Fenichel. Ele criou fora da policlínica um seminário, batizado de "seminário das crianças", que reunia os jovens analistas. Mas enquanto esse seminário tinha como pano de fundo, em Berlim, um desacordo político explícito,[15] o seminário de Reich fazia todo esse sucesso – e era objeto de ataques – por razões ligadas à psicanálise, sua clínica e sua técnica. Talvez não tenhamos enfatizado o bastante, mas é precisamente nesse cadinho da clínica e da reflexão técnica que surgirá a consciência sociopolítica de Reich. Em outros termos e não sem paradoxo, o engajamento político de Reich – que será posteriormente censurado e levará a sua exclusão da Associação Psicanalítica Internacional – se forja, desde seus primeiros anos de exercício, no cerne mesmo da ortodoxia do movimento analítico vienense e na prática analítica cotidiana da policlínica.

Os pacientes pobres da policlínica de Viena

Reich recebe na policlínica qualquer pessoa, sem restrição, de acordo com o objetivo de sua fundação. Afinal, o sofrimento de seus pacientes está intimamente ligado a sua terrível miséria social. Contrariamente à policlínica de Berlim, onde, como ressalta seu presidente e principal financiador, Max Eitingon, "os elementos autenticamente proletários desapareceram", em Viena os doentes são todos oriundos da classe trabalhadora. Reich descreve: "Os horários de consulta viviam apinhados de gente. Havia operários, funcionários de escritório, estudantes e trabalhadores rurais. A afluência era tão grande que nós não dávamos conta".[16] Pouco a pouco, Reich vai lhes consagrar o essencial de suas

---

15 O Instituto de Berlim, tendo se afastado de sua vocação primeira de se voltar aos mais carentes, possuía uma estrutura hierárquica autoritária que os analistas mais jovens denunciavam e que impedia qualquer discussão política.

16 W. Reich, *A função do orgasmo*, op. cit., p. 42.

pesquisas e de seu tempo clínico. Sua prática lhe fornece "um manancial de observações dos mecanismos das neuroses, em pessoas pobres", que aliás serão objeto de seu primeiro livro, *O caráter impulsivo* (1925). Reich descreve aí aqueles que, carregando o peso da miséria econômica, correm o risco de cair na criminalidade: "Como resultado da necessidade material, as inibições morais haviam sido de tal forma vencidas que os impulsos criminosos e perversos clamavam por ação".[17] Contra a ciência de sua época, Reich mostraria que os doentes rotulados pela psiquiatria com diagnóstico de "psicopatia" ou "degeneração esquizoide", vítimas de uma "insanidade moral" cuja única causa seria a hereditariedade, tinham na realidade razões sociais e psicológicas para ser o que eram. Alguns anos antes, Reich havia escrito uma primeira monografia sobre seus pacientes "difíceis", que a clientela privada ignorava. Do ponto de vista metapsicológico, a ausência de inibições de que eles sofriam atestava efetivamente uma situação particular de seu ego em sua relação com a instância que deveria regulá-lo, o superego. Ele havia encaminhado essa monografia a Freud, que lhe escrevera uma carta de apoio irrestrito. O estudo dos casos observados por Reich, em que se manifestava o que pareciam ser "defeitos" na estrutura do ego, teria, segundo Freud, um grande interesse para a pesquisa psicanalítica. Era possível que "de agora em diante se descobrisse haver entre o ego e o superego mecanismos operantes semelhantes aos que se havia descoberto operarem entre o ego e o id".[18]

Reich viria justamente a detalhar e especificar esses mecanismos. A formação do ideal do ego e a possibilidade da ambivalência para o sujeito dependiam de sua satisfação pulsional, condicionada pela atitude do educador que ele conhecera quando criança. Ora, os pacientes de Reich, oriundos de meios desfavorecidos, haviam vivenciado uma infância e uma "educação" extremamente atormen-

---

17 Ibid., p. 43.
18 Ibid., pp. 42-44.

tadas. Expostos à miséria e à promiscuidade, tinham crescido como podiam. Abandonadas à própria sorte, não raro vítimas precoces de alguma transgressão sexual por parte de um adulto, as crianças que esses pacientes haviam sido não conheciam o benefício da proibição, que poderia tê-las protegido do abuso. Mas a proibição, cedo ou tarde, acabava por ser encontrada sob a forma da repressão social, e até mesmo legal (nessa época a vadiagem, por exemplo, é punida pela lei). Ela se manifestava, portanto, de maneira brutal: a criança ou o adolescente deparava violentamente com a proibição, sem a compreender. Como então aceitar e integrar essa pessoa à lei? Em outros termos, a formação do caráter impulsivo dependia de um meio educativo específico:

> já é evidente que um ambiente caracterizado pela ausência de inibição das pulsões, por um lado, produz na criança formas defeituosas do ideal do ego, por outro lado, aplica as recusas com mais brutalidade que o necessário. Chega-se, assim, à ambivalência aguda e definitiva do caráter impulsivo, que poderia invocar com toda razão que ele não aprendeu nada além disso.[19]

Para Reich, o sofrimento psíquico que aflige esses pacientes estava, portanto, seguramente ligado a sua condição social miserável, de maneira que um e outra tendiam a se confundir. Por um lado, a estrutura psíquica de seus pacientes, forjada pelas duras pressões sociais experimentadas na infância, era tal que os levava constantemente a fazer escolhas de maneira impulsiva; por outro lado e ao mesmo tempo, sua condição social miserável quando adultos era castigada por uma repressão idêntica à que haviam conhe-

---

19 Id., *Le Caractère impulsif* [1925], apud C. Sinelnikoff, *L'Œuvre de Wilhelm Reich*, op. cit., p. 73 [ed. bras.: *O caráter impulsivo: um estudo psicanalítico da patologia do ego*, trad. M. Hantower. São Paulo: WMF Martins Fontes, 2009]. Para um estudo detalhado do que está em questão nessa obra, remetemos à obra de Constantin Sinelnikoff.

cido na infância, e os condenava a tais escolhas. Essa condição que os acuava, aliás, era o que conheciam desde sempre, o que lhes era mais familiar. Ela favorecera os elementos traumáticos infantis e contribuía para sua repetição. O círculo estava fechado, era um círculo vicioso.

A tese de Reich fazia surgirem vários pontos cruciais para a disciplina psicanalítica, mas também para a psiquiatria. Além de derrubar o argumento segundo o qual a análise era impossível para esses casos que haviam sido erroneamente denominados "narcisistas", sugeria que a clínica era indissociável da questão política e social. Ora, para Reich,

> Nem o psiquiatra nem o psicanalista haviam pensado em pesquisar as condições de vida dos pacientes. Sabia-se, claro, que havia pobreza e necessidade material, mas de certa forma isso não se considerava um aspecto relevante do tratamento. Assim mesmo, as condições materiais do paciente eram um problema constante na clínica.[20]

Reich defenderia o reconhecimento do papel predominante desempenhado em seus pacientes pobres pelas condições materiais e sociais do mal-estar. Os distúrbios dos caracteres impulsivos deviam-se antes de tudo a sua condição social passada e atual. Desta decorria a "vida impossível" daqueles que eram chamados de "marginais" ou cujo comportamento a psiquiatria caracterizava como derivado da "insanidade moral".[21]

---

20 W. Reich, *A função do orgasmo*, op. cit., p. 42. Aliás, esse é sempre o caso.
21 O que já fora sugerido por Aichhorn numa série de conferências publicadas em 1925, com o título *Verwahrloste Jugend* [Juventude abandonada].

Fragmento da análise de uma operária por Reich

Releiamos um dos fragmentos de análise de Reich para dar um aspecto concreto às ideias propostas por ele. Vemos aqui um desses casos graves e comoventes com que ele lidava cotidianamente, mas também as dificuldades com que se via defrontado e as saídas que inventava ao ir além da concepção clássica tanto da teoria como da técnica herdadas:

> Um dia, uma operária moça e bonita veio à clínica. Trazia consigo dois meninos e uma criança pequena. Perdera a voz, sintoma conhecido como "mutismo histérico". Escreveu em um pedaço de papel que havia subitamente perdido a voz alguns dias antes. Uma vez que a análise era impossível, tentei eliminar a perturbação da fala pela hipnose e obtive sucesso após algumas sessões. Agora falava em voz baixa, rouca e meio assustada. Havia anos que vinha sofrendo de um impulso compulsivo de matar as crianças. O pai dos meninos a havia abandonado. Estava sozinha com as crianças e dificilmente encontravam o que comer. Costurava em casa, mas ganhava desesperadamente pouco. Sacudiu-a então a ideia do assassínio. Estava a ponto de empurrar as crianças para dentro d'água quando foi tomada de terrível angústia. Daí em diante foi atormentada pelo impulso de confessar-se à polícia a fim de proteger as crianças contra si mesma. O impulso mantinha-a em um estado de medo mortal, pois temia ser enforcada pelo crime. O pensamento provocou-lhe uma constrição na garganta. O mutismo impedia-a de ceder ao impulso.[22]

Esse caso em que a miséria social atual se ligava indissociavelmente a sintomas psíquicos fala por si só. Mas havia mais. A exploração da história infantil da paciente também revelava efeitos da miséria social sobre o sofrimento psíquico, do qual o sintoma atual da constrição da garganta

---

22 W. Reich, *A função do orgasmo*, op. cit., p. 43.

trazia a marca inconsciente. Órfã muito cedo, fora criada por desconhecidos; morando com seis ou mais pessoas no mesmo cômodo, Reich especifica, acabou sofrendo investidas sexuais de homens adultos. Desde a infância, fora atormentada pelo desejo ardente de uma mãe que a protegesse, o que se refletia em suas fantasias, em que se via como um bebê em segurança, sugando o seio materno. Agora que era mãe, dava-se conta de que via seus filhos em situação semelhante à que enfrentara quando criança. Não conseguia alimentá-los, o que era insuportável. O sintoma da constrição de sua garganta não era só fruto do medo atual da repressão policial: estava ligado ao conjunto da história trágica da paciente, à perda precoce da mãe e à exposição ao perigo daí decorrente, nas condições sociais miseráveis e na promiscuidade em que vivia. Esse conjunto a fizera desejar a figura de uma mãe que pudesse tê-la protegido e alimentado, levando à fantasia regressiva e reparadora que ela havia concebido. Na neurose atual, o sintoma da constrição derivava sua energia da condição de miséria social da paciente, dada sua impossibilidade de alimentar os filhos. Seu medo da polícia e da punição se encaixava bem numa história infantil mais antiga, psiconeurótica, que era suscetível de análise. Como afirma Reich em uma formulação clínica límpida: "Havia sentido sempre na garganta e no colo toda aquela angústia sufocante e aquela ansiedade". Mas tal psiconeurose tinha relação com a miséria social extrema na qual a jovem havia crescido, e sua especificidade a tornava ainda menos acessível à análise visto que tudo concorria, na condição atual da paciente, para repetir de maneira trágica suas coordenadas psíquicas e materiais. Reich foi visitá-la muitas vezes no subúrbio de Viena e relata:

> Não havia nada, absolutamente nada, que trouxesse luz a essa vida. Nada havia senão miséria, solidão, mexericos dos vizinhos, preocupações com a refeição seguinte – e, sobre tudo isso, as trapaças criminosas do senhorio e do patrão. Apesar

do fato de que o seu trabalho era dificultado por perturbações psíquicas agudas, era explorada cruelmente e sem piedade. Recebia uns dois *schillings* por dia de dez horas de trabalho, o que quer dizer que devia sustentar-se, e aos três filhos, com uns sessenta ou oitenta *schillings* por mês! O extraordinário é que o conseguia! Nunca pude descobrir como.[23]

A consideração da miséria social na determinação das neuroses e suas novas necessidades de ações terapêuticas

Mães pobres e isoladas, moças acometidas por investidas sexuais decorrentes da promiscuidade do ambiente, operárias desempregadas à beira do suicídio – como ignorar a influência da condição social sobre a neurose? Como não levar em consideração seu impacto na vida psíquica? Reich está transtornado. Ele se revolta contra a cegueira, a má-fé e a alienação de seus colegas: será mesmo preciso buscar nas experiências infantis a causa das inibições sexuais de um casal quando se sabe que ele vive num único cômodo com várias crianças? Ele elabora, assim, suas reflexões sobre a diferença das classes na expressão da neurose. Enquanto entre os mais abastados os sintomas relativos às "ações compulsivas", aos "comas histéricos" e às "fantasias e impulsos homicidas" parecem relativamente inofensivos, nos pacientes pobres eles adquirem um "caráter absurdo". A pressão social produz efeitos em dois níveis. Por um lado, a miséria e a necessidade econômica em que o sujeito se encontra enfraquecem o superego e suas inibições, o que o expõe aos maiores perigos. Por outro lado, "as neuroses da população operária" não dispõem do material cultural que lhe permitiria servir-se das vias da sublimação. Por essas razões, a miséria psíquica e a miséria material do sujeito tendem a se confundir. "As neuroses da população operária carecem, muito simplesmente, do refinamento cultural":

---

23 Ibid., p. 43.

de fato, "o cidadão próspero suporta a sua neurose com dignidade, ou manifesta-a materialmente de uma ou de outra forma. Entre as grandes massas da população que trabalha, a neurose se manifesta em toda a sua deformidade trágica".[24]

A diferença entre a clientela privada e a clientela de hospital não tarda a se mostrar evidente e fundamental para Reich. Após "dois anos mais ou menos" de trabalho na clínica, "ficou claro que a psicoterapia individual", tal como fora concebida, "tinha um significado muito limitado".[25] Mas se a técnica clássica do tipo investigação arqueológica, que supõe um tempo longo de análise, não se presta aos casos estudados por Reich, isso não se deve a "distúrbios psiquiátricos" nem a um "defeito constitucional de inteligência". Esses sujeitos não possuem uma natureza psíquica diferente da dos "neuróticos", e sim, mais simplesmente, condições sociais totalmente degradadas. Se a técnica fracassa, portanto, não é ao sujeito que se deve imputar o problema, mas ao terapeuta que pretende empregá-la em um sujeito que desconhece. O fato de que ela "não funciona" não revela a "mancha hereditária" de um sujeito "inanalisável", mas a dissimetria social na qual o sujeito das classes trabalhadoras se encontra em relação ao das classes abastadas. O sujeito das classes trabalhadoras está imerso em uma urgência psíquica e uma pressão social infinitamente maiores, que obrigam o analista a buscar novos caminhos. O mal que acomete esses neuróticos requer que se inverta a ordem das coisas. É por esse motivo que Reich insiste, de um ponto de visa teórico, na concepção da neurose atual e seu tratamento. É porque as condições sociais dos mais carentes os tornam atualmente doentes que se desenha uma nova via clínica de intervenção para o analista. Assim, a neurose é atual porque ela tende a se confundir com a situação social e psíquica presente do paciente, do mesmo modo que essa última, caso se possa levar a análise mais

---
24 Ibid., pp. 43-44.
25 Ibid., pp. 42-43.

longe, se revela em ligação estreita com a história infantil dele. Concretamente, enfrentando certos aspectos relativos à miséria social, como o aborto, a delinquência, a contracepção, a educação, mas também interpretando-os do ponto de vista da dinâmica sexual, era possível agir sobre as neuroses. Para tanto, era preciso intervir mais na cidade, o que levará Reich a criar em 1929, além da policlínica, seis centros de higiene sexual.

Mesmo que Freud não partilhasse dos últimos desenvolvimentos da teoria de Reich (sobre a genitalidade, a função do orgasmo etc.), ele aprovava sua orientação. Aliás, isso seria mesmo novidade? Isso não correspondia ao projeto, simplesmente levado mais longe, de profilaxia das neuroses formulado por Freud e que estava na própria origem da fundação das policlínicas? É o que o apoio freudiano à ação de Reich sugere. De resto, nessa época, Freud ainda não havia formulado sua teoria pessimista da cultura, que tende a essencializar a agressividade sobre o indivíduo e a apresentar a cultura e a repressão que ela exerce como um mal necessário. Em 1927, ao contrário, ele reconhece, como vimos, a repressão sofrida pelas massas e o ganho cultural provável que haveria ao agir sobre ela. Nessa data, Freud indica que certas privações impostas aos "marginalizados" não são nem um pouco necessárias para a cultura. Ao contrário, colocam-na em risco e comprometem sua legitimidade. Desse ponto de vista, a dimensão profilática conforme especificada por Reich, na qual ele se empenhará até a criação dos centros de higiene sexual em 1929, pode certamente contribuir para a cultura e inscreve-se à perfeição na visão freudiana.

Profilaxia das neuroses e militância comunista

O que lança Reich nessa nova linha de ação que será rica de ensinamentos não é somente a clínica individual ligada à miséria social que ele encontra na policlínica; são também os acontecimentos relativos aos tumultos de 15 e 16 de julho de 1927 em Viena. Essas jornadas, de que ele conserva uma vívida impressão, vão lançá-lo em uma militância assumida e possibilitar que se abra para questões analíticas novas.

Em 30 de janeiro, antigos combatentes monarquistas haviam alvejado a multidão na ocasião de uma reunião social-democrata, resultando em dois mortos e dois feridos. Mas, tendo os assassinos sido absolvidos pela justiça em 14 de julho, na manhã do dia 15 é declarada uma greve. Os operários ocupam o centro de Viena, o Palácio da Justiça é incendiado. A polícia atira à queima-roupa em toda a cidade: pela manhã, são contados mais de cem mortos. Reich, que participou da manifestação, esconde-se com sua esposa em um parque. Chocado com a situação, vê aí o fracasso da social-democracia. É uma guinada política para ele: na mesma noite, engaja-se numa organização comunista, a Internationale Arbeiterhilfe [Ajuda Internacional dos Trabalhadores], espécie de Cruz Vermelha do partido.

Esse episódio lhe permite também verificar na prática o acerto das teorias sobre o recrutamento e a identificação com o líder propostas por Freud em seu livro publicado em 1921, *Psicologia das massas e análise do Eu*. Os policiais revelam um comportamento mecânico e desinteressado. Obedecem cegamente às ordens de atirar. No entanto, Reich se espanta ao ver a multidão se deixar massacrar pelas forças policiais, uma vez que é numerosa o bastante para acabar com os agressores. O que impede os manifestantes de atacar os policiais, já que seria de seu interesse fazê-lo? O que faz com que a multidão tolere horas de tiroteio esporádico? Esse questionamento resultará em uma nova heurística e lhe permitirá elaborar a função social da repressão sexual.

Nesse período, Reich envolve-se também com a leitura de Marx e Engels, cujas teorias mobiliza para sua reflexão. Ao mesmo tempo, descobre os "clássicos" da sociologia e antropologia modernas nos quais Marx e Engels se baseiam: o sociólogo suíço Johann Jakob Bachofen, que estudara o matriarcado, e Lewis Henry Morgan, o primeiro a se debruçar sobre os sistemas de parentesco. Como atesta Reich, essas leituras são decisivas, não só para sua formação política mas também para sua concepção psicanalítica, nas relações desta com a antropologia.[26] No entanto, são sobretudo seu encontro com os operários e os proletários do subúrbio vermelho e a ação terapêutica realizada com eles que o auxiliarão a elaborar um caminho novo. Reich destaca isto: "Os verdadeiros segredos da função social da repressão sexual me foram revelados pela experiência prática de meu trabalho sexológico com a juventude vienense".[27]

Reich intervém junto a associações de estudantes e entre os operários das fábricas de Viena. Em suas conferências, logo abandona as apresentações teóricas sobre as relações entre marxismo e psicanálise ou sobre o inconsciente, que não respondem às questões urgentes de seus ouvintes. Também se dá conta da abstração e da ineficácia da propaganda marxista. As palavras de ordem sobre o materialismo e a revolução não funcionam. Reich procura, em vez disso, abraçar a causa de seu auditório – interessa-se por este, por sua vida cotidiana. Assim, no fim de suas conferências, afluem as perguntas delicadas: "O que fazer quando se deseja ter uma relação sexual e há várias outras pessoas dormindo no mesmo quarto?", "Por que os médicos se recusam a ajudar quando uma mulher está grávida e não quer, ou não pode, ter a criança?", "Por que

---

26 Essa incursão na etnologia contemporânea entrará em contradição com as ideias freudianas sobre o sujeito. Freud se referia sobretudo às mais antigas teorias evolucionistas de Lamarck e de Darwin, das quais deriva sua concepção da cultura originada da "horda primitiva", do incesto e do complexo de Édipo. Essa antropologia freudiana universalista e naturalizante será discutida e demolida pela antropologia social e cultural, especialmente por Malinowski, que mostra como as sociedades matrilineares dos trobriandeses escapam ao suposto universalismo de Édipo. A abordagem de Malinowski inspirará as pesquisas de Reich em matéria de antropologia.
27 W. Reich, *People in Trouble* [1953], trad. Philip Schmitz. New York: Farrar, Straus and Giroux, 1978, p. 47.

a homossexualidade é punida?", "Minha filha tem apenas dezessete anos e já tem um namorado. Tem algo de errado nisso?", "O ato sexual dos adolescentes tem consequências mentais?".[28] Reich esforça-se para responder à luz da psicanálise. Suas apresentações abordam os temas que dizem respeito a seus ouvintes e se referem à vida cotidiana deles. Tratam dos distúrbios sexuais, da educação das crianças, da família: "Minhas reuniões enchiam de milhares de pessoas querendo ouvir o que a psicanálise tinha a dizer sobre a miséria sexual e social".[29]

O sucesso do procedimento de Reich – que aos poucos se amplificará – não se deve apenas a seu carisma, energia ou inteligência. Existe um mal-estar, uma expectativa na juventude e entre os operários, e a verdadeira força de Reich consiste em escutá-los. É plausível que essa disposição tão particular se deva à especificidade de seu exercício da terapia analítica. Reich escuta e, no contato com esses homens e mulheres, aprende. Faz amizade com um operário em especial, Zadniker, a quem conhece nessa época. Zadniker lhe mostra que só importam as perguntas acessíveis a todos. É também graças a ele que Reich descobre a miséria psíquica gerada pelo desemprego. Na convivência com o meio operário, Reich põe em questão a concepção da sublimação das pulsões no trabalho: os operários, ao contrário, sofrem em sua tarefa; para suportar o trabalho repetitivo na fábrica, são levados à mecanização de seu comportamento. Essas observações contribuirão em grande parte para o desenvolvimento da noção de "couraça do caráter". Com efeito, para realizar sua tarefa, observa Reich, os operários não podem sublimar, devem, antes, "inibir-se" e se "encouraçar". As condições materiais e sociais do trabalho não permitem nenhum outro destino para a pulsão. Reich resume: "A teoria freudiana da sublimação era aplicável ao pesquisador científico

---
28 Id., *A função do orgasmo*, op. cit., pp. 98-100.
29 Ibid., p. 98.

ou ao engenheiro; aplicava-se mal ao médico ou técnico mediano, e nem um pouco ao trabalho das massas".[30]

É mais uma vez Zadniker que "lhe revela também o segredo mais profundo da função do casamento e da família [...] sua esposa precisava dele e ele também precisava dela".[31] Não era essa a confirmação direta das intuições de Freud – que pôs em dúvida a moral sexual "civilizada" e uma de suas instituições, qual seja, o casamento, perguntando-se se valia "o sacrifício que ela nos impunha" –, e não as confirmava um daqueles que pagavam o preço mais alto pelo que elas descreviam? Zadniker, por fim, pede expressamente a Reich que não assuma responsabilidades políticas no partido, pois é antes de tudo de sua posição médica e educativa que ele pode atuar pelo movimento operário, especialmente pelos jovens e pelas mulheres. De fato, por serem mantidas na ignorância, as massas são mais ainda vítimas da miséria e da doença mental. Freud e em seguida Ferenczi haviam mostrado como desde a idade mais tenra se inculcava nas pessoas um sentimento de medo e de culpa ligado a tudo que é relativo à sexualidade. Freud afirmava até que um recalque excessivo engendrava a docilidade, e que a promoção da abstinência era um recurso hábil para produzir "massas conciliadoras e resignadas". Não é esse recalque excessivo que Reich constatava nos jovens pobres de que se ocupava? O trabalho realizado nos seis centros de higiene sexual[32] – abertos após a fundação, em 1929, da Sociedade Socialista de Conselho Sexual e de Sexologia, à qual Reich consagra muito dinheiro –, onde jovens e mulheres comparecem em massa para consultar-se com ele, confirmará amplamente o conjunto dessas visões.

---

30 W. Reich, *People in Trouble*, op. cit., p. 74.
31 Ibid., p. 175.
32 Quatro psicanalistas, três obstetras e um advogado participam dele.

A experiência clínica dos centros beneficentes e a crítica da ciência

A experiência cotidiana de Reich nos centros abre seus olhos de cientista. Ele constata que, diferentemente do que alega a pudicícia médica, "os jovens" que se deseja "resguardar da sexualidade" são, na realidade, adultos. Eles trabalham duro; já têm parceiros sexuais ou querem saber o que é preciso fazer "para não ficar mais sozinhos". Ao contrário do educador repressivo que esconde deles a verdade para afirmar sua autoridade, Reich se dispõe a escutá-los. Ele ouve que buscam o amor, a verdade, que querem crescer. Com eles, Reich constata o seguinte: a realidade social que vivenciam contraria de todas as maneiras seu legítimo desejo. O reconhecimento desse desejo por meio do trabalho de análise permite superar facilmente os sintomas que os acometem:

> bastava uma breve explicação sobre as conexões [entre a desorganização vida amorosa genital e a destruição da saúde psíquica] para que os adolescentes compreendessem os fatos imediatamente [...]. Era como se estivessem esperando por essa informação há muito tempo, como se por muito tempo tivessem carregado um jugo sem compreender seu significado. Sabiam tudo sobre a sexualidade; sabiam que precisavam de amor e que sem ele estagnavam [...]. Em alguns meses, aprendi mais sobre sexologia e sociologia do que em dez anos de prática médica privada.[33]

Reich procura suprimir o sentimento de culpa recorrente que neles encontra com relação a sua sexualidade. Quando lhe fazem perguntas sobre "o perigo das relações sexuais entre os jovens", ele dá risada e os aconselha a seguir suas inclinações. E, muitas vezes, essa atitude simples e direta permite o desaparecimento de seus distúrbios neuróticos.

---
33 Ibid., p. 81.

Outra linha de frente da prática de Reich diz respeito à situação das mulheres. Aí também as observações freudianas, que parecem tratar do que Reich observa *in situ*, são preciosas para ele. Ele constata, de fato, que a situação social e a miséria que afetam as mulheres são ainda piores que as dos homens. Muito cedo, Freud havia mostrado que o recalque excessivo e seu fardo recaíam sobretudo e sem sombra de dúvida sobre a mulher.[34] Como vimos, ele havia mostrado igualmente como a repressão do desejo epistemófilo, em especial na menina, criava mais tarde na mulher inibições propícias a sua dominação e a sua preparação para o casamento. Em 1927, ele reiterava sua crítica. O argumento fisiológico proposto para descrever a fraqueza de espírito supostamente constitutiva das mulheres em relação aos homens não tinha nenhum fundamento, segundo ele. "A atrofia intelectual" provinha do sofrimento "sob o rigor da proibição precoce de voltar o pensamento para aquilo que mais as interessaria, ou seja, os problemas da vida sexual".[35] Havelock Ellis, em *Studies in the Psychology of Sex* [Estudos de psicologia sexual], relata os casos dramáticos de jovens pacientes que se suicidavam quando vinham as primeiras regras. Nada na educação delas havia sido feito para instruí-las... ou melhor, certamente tudo havia sido feito para persuadi-las da "sujeira" da coisa sexual, a fim de obter delas uma melhor submissão a seu futuro marido. O desconhecimento das pulsões fazia parte de um sistema de educação repressivo contra o qual os analistas lutavam havia muito tempo.

Para Reich, não havia dúvida de que a repressão social da sexualidade existia e se expressava de diversas maneiras nos pacientes que vinham vê-lo. Como analista dos centros beneficentes de higiene sexual, ele não podia deixar de constatá-lo. As meninas e mulheres grávidas eram

---

34 S. Freud, "A moral sexual 'cultural' e o nervosismo moderno" [1908], in id., *Obra completa*, v. 8, trad. Paulo César de Souza. São Paulo: Companhia das Letras, 2015.
35 Id., *O futuro de uma ilusão* [1927], in *Obra completa*, v. 17, op. cit., 2014, p. 290.

a grande maioria nos centros. E uma das manifestações mais pregnantes da miséria em Viena, com a qual Reich foi confrontado já no início, era o aborto, que se passava em condições terríveis de higiene e causava a morte de milhares de mulheres. Os médicos do subúrbio vermelho falavam de maneira sinistra das "hemorragias das segundas de manhã", pois, por ser o único dia de repouso, o domingo era quando as operárias podiam se submeter à operação. De um milhão de abortos praticados, contavam-se, segundo as cifras fornecidas por Reich, 20 mil óbitos por infecção, entre 40 e 60 mil danos graves à saúde e 8 mil detenções. É fácil imaginar os estragos traumáticos dessas práticas desastrosas. É assim que, "desde o começo", Reich defende

> [...] que toda mulher que engravidasse contra a vontade deveria ter o direito inquestionável à interrupção da gravidez. [...] Eu enviava a médicos que faziam abortos toda mulher que tinha engravidado sem o saber ou contra sua vontade. [...] Considerava natural correr esse risco. [...] Não me preocupava com as lamúrias dos "demógrafos". Sabia da desonestidade por trás de suas formulações sociológicas.[36]

Aliás, como Reich observa, os médicos que apoiavam tais argumentos não teriam aceitado para si mesmos um centésimo do que exigiam da população em nome da "moral" e da "taxa de natalidade".

Essa experiência capital nos centros beneficentes abrirá seus olhos e o motivará a questionar o papel ideológico da ciência. A gravidade dos casos que encontrou confirmou suas primeiras experiências na policlínica, mas dessa vez as coisas são ainda mais críticas. O que parecia excepcional na policlínica se revela a norma no terreno dos centros beneficentes. Segundo Reich, nenhuma das mulheres que seus colaboradores e ele próprio recebiam estava em condições de acolher

---

36 W. Reich, *People in Trouble*, op. cit., pp. 78-79.

uma criança. Esgotadas, abandonadas, sofrendo de neuroses graves ou de melancolias suicidas, a maioria "odiava a criança antes mesmo que ela nascesse". Reich depara com situações extremas que põem em crise suas concepções científicas mais bem estabelecidas. Diz ele:

> Durante dois anos, fiquei a tal ponto tomado pelas experiências esmagadoras da miséria sexual das pessoas que o conflito entre o cientista e o político foi se intensificando dentro de mim. Sobretudo quando os centros de higiene sexual me puseram em contato com os jovens da classe trabalhadora vienense. É verdade que eu aprendera havia muito tempo a conhecer a situação dos jovens, mas pensava que os adolescentes observados na policlínica e na prática privada eram exceções patológicas à regra [...], a regra sendo "o adolescente normal, bem adaptado, que superou seu complexo de Édipo e se conformou às exigências da realidade". Ninguém questionava a noção de "adolescente normal saudável", e ainda menos a de "adaptação à realidade".[37]

Confrontado com o cotidiano da clínica e a miséria social, Reich compreendeu que a ciência que o formara e que herdara deveria ser questionada. As pretensões dessa ciência eram ilegítimas: ela apresentava seus princípios teóricos a respeito dos jovens e das mulheres pobres enquanto ignorava completamente a realidade da qual falava. A clínica tinha mostrado a Reich que esses jovens adultos não sofriam de uma "falta de adaptação à realidade" decorrente de seu "Édipo não superado", mas que eram simplesmente inibidos para realizar o último passo para a "maturidade amorosa": "Quando o caminho para o amor saudável e normal é barrado, o adolescente regride a uma neurose infantil em uma forma ainda mais intensa, pois agravada pelo aumento e pela frustração simultâneos do desejo genital".[38] A terapia analítica mostrava o caminho para uma resolução

---

37 Ibid., pp. 79-80.
38 Ibid., p. 82.

do conflito: quando o analista reconhecia esse desejo, a inibição e seus sintomas desapareciam.

Mas, além de especificar um ponto técnico decisivo no manejo da transferência, Reich também produzia uma crítica da ideologia sub-repticiamente existente na ciência. Quando se conhecia tão de perto a realidade psíquica e social das populações desfavorecidas, como não se perguntar sobre a postura dos cientistas que as ignoravam e continuavam a abordar seus problemas de maneira normativa e equivocada? Quais podiam ser o valor e o uso do princípio da "necessária adaptação à realidade social" invocada pelo psiquiatra? Por que o teórico infantilizava essa juventude "edipianizando-a", isto é, menosprezando sua situação real e objetiva de adulto socialmente reprimido? Em nome da clínica, Reich desmascarava a hipocrisia dessa postura pseudocientífica; fazia-o com facilidade ainda maior por ter ele próprio ficado prisioneiro durante anos em sua prática anterior na policlínica.

Reich detecta essa mesma ideologia em seus colegas psicanalistas, por exemplo, em Theodor Reik e sua teoria da criminalidade, retomada por Franz Alexander. Este havia afirmado que adultos ou crianças que se tornavam criminosos o faziam por necessidade de autopunição. No entanto, pergunta Reich, como as crianças do subúrbio vermelho de Viena, abandonadas à própria sorte e famintas, podiam ter outro fim que não "dar errado"? A questão era tanto política como científica. Ignorar os efeitos da condição social miserável desses pacientes sobre sua dinâmica psíquica levava o cientista a inverter a ordem das causas. Se a clínica mostrava que existia uma necessidade de autopunição, esta era apenas uma formação masoquista secundária a ser explicada, e não uma força primitiva a hipostasiar. Reich observa o paralogismo dessas concepções:

> Isso poupava o aborrecimento de qualquer discussão posterior. Se o analista não conseguia curar um paciente, o instinto de morte é que era o responsável. Se as pessoas cometiam um

assassínio, elas o faziam para serem encarceradas. Se crianças roubavam, era para livrar-se da pressão de uma consciência que as atormentava.[39]

Reich vê nas teses de Reik uma retomada exagerada da hipótese do instinto de morte proposta por Freud em *Além do princípio do prazer*.[40] O instinto de morte desenvolvido por Reik permite fazer a economia das coordenadas sociológicas do crime, o qual é apresentado como atributo de personalidades especiais que devem ser estudadas, de anomalias individuais mórbidas que se destacam do restante da população por uma espécie de excesso desse instinto. O psicanalista encontra aqui o criminologista a serviço da ordem burguesa e de sua polícia. Em seu consultório, protegido da realidade, ele disserta sobre o perigoso criminoso e as razões de sua confissão.[41] Ignora-se o determinismo social atuante sobre o indivíduo; o próximo passo seria imputar ao próprio sujeito oriundo das massas a miséria social que o vitima. Fenichel já mostrara como as concepções do analista francês René Laforgue, por exemplo, justificavam a miséria social e o autoritarismo em razão de um suposto sadomasoquismo das massas.[42] Ao lado de Fenichel, Reich é um dos primeiros a desvendar o desvio da psicanálise para o psicanalismo a serviço da ideologia burguesa.

---

39 Id., *A função do orgasmo*, op. cit., p. 68.
40 S. Freud, *Além do princípio do prazer* [1921], in *Obras completas*, v. 14, trad. Paulo César de Souza. São Paulo: Companhia das Letras, 2010.
41 Ver Theodor Reik, *Geständniszwang und Strafbedürfnis: Probleme der Psychoanalyse und der Kriminologie*. Berlin: Internationaler Psychoanalytischer Verlag, 1925; id., *Le Besoin d'avouer*. Paris: Payot, 1997.
42 Otto Fenichel, "Psychoanalyse der Politik: Eine Kritik". *Psychoanalytische Bewegung*, n. 4, 1932, pp. 256-59.

Essas questões teóricas decisivas devem ser repostas no contexto geopolítico europeu do fim dos anos 1920 e começo dos anos 1930, que vê o recuo dos movimentos progressistas e revolucionários e o desabrochar da reação e do fascismo. A "desorientação" do intelectual quanto à ordem das causas, ao naturalizar o indivíduo criminoso atribuindo a seus atos uma necessidade de autopunição, ou ao justificar a violência contra as massas imputando-lhes uma necessidade sadomasoquista, impõe uma pergunta: não será uma maneira, ainda que indireta, de legitimar a representação de uma ordem social reacionária que se alastra por toda a Europa, dando a entender que ela teria fundamentos na natureza? No psicanalismo, Tânatos torna-se um meio hábil para se livrar da questão sexual e de sua relação com a sobredeterminação dos destinos sociais, bem como da responsabilidade e implicação do cientista em relação a esses fenômenos. Nos antípodas dessa postura, como Fenichel, Reich viaja várias vezes à Rússia revolucionária para lutar contra o fascismo e o nazismo, e encontrar um antídoto para sua difusão entre as massas. Lá encontrará um novo fôlego: "Tendo regressado da União Soviética com estas encorajadoras impressões, consagrei-me à tarefa de analisar, pelo trabalho prático em contato estreito com o mundo operário, o sentido político atual da repressão sexual em regime capitalista".[43] Essa pesquisa o levará pouco a pouco a depreender um novo tipo de ação – tão temido como odiado pela burguesia e sua *intelligentsia*, mas igualmente incompreendido, e mesmo desprezado, pelos partidos de esquerda – que, no entanto, revelará ser uma alavanca crucial ante a ascensão do fascismo e do nazismo: a politização da questão sexual. É também essa orientação que o levará a romper com Freud.

---

43 W. Reich, *Der Einbruch der Sexualmoral: zur Geschichte der Sexuellen Ökonomie*. Kopenhagen: Verlag für Sexualpolitik, 1931, p. xiii [ed. bras.: *Irrupção da moral sexual repressiva*, trad. Sílvia Montarroyos e J. Silva Dias. São Paulo: Martins Fontes, 1974].

A discordância com Freud

Em 1929, com a crise econômica mundial, a situação vienense se degrada cada vez mais. Johann Schober, então ministro dos Negócios Estrangeiros, chanceler e chefe da polícia austríaca, é conhecido por sua violência.[44] Os social-democratas da coalizão que ele dirige seguem fazendo concessões. Votam-se leis de urgência que destroem as conquistas da República. De sua parte, os comunistas denunciam essas derivas e preconizam a guerra civil. Mas, minoritários, já não conseguem reunir as massas. A ascensão do fascismo austríaco parece inevitável.

Ante o clima de medo e desconfiança que se instala, Reich prossegue em sua reflexão analítica. A questão é desfazer o temor que se propaga entre as massas e que ele constata em sua prática cotidiana. Ele nota que, se o Partido Social-Democrata ainda goza de crédito, é precisamente por razões afetivas: ele é como um teto para os sem-teto. Reich vê aí a razão por trás do êxito do slogan "os comunistas querem semear a divisão e o dissenso". A cegueira das organizações comunistas é catastrófica. Os dirigentes do partido têm uma visão puramente política e ideológica da consciência de classe, justo quando sua concepção abstrata dos processos sociais é constantemente desmentida pelos fatos. As massas são tentadas pelo fascismo; enquanto a realização supostamente inelutável da revolução proletária se distancia, os dirigentes comunistas continuam a explicar o avanço do fascismo por meio do argumento da mentira contada às massas. Reich, contudo, pergunta: como a atração pelo fascismo ou o nazismo poderia ocorrer somente na base da "mentira"?

Sua crítica do Partido Comunista (PC) e de sua estratégia não impede Reich, porém, de militar no partido. Ele participa das manifestações, distribui os jornais, apoia os camaradas atacados. Em setembro de 1929, vai pela última

---

44 É também o primeiro presidente da Interpol.

vez à Rússia revolucionária, onde tenta convencer os oficiais da Academia Comunista do interesse da psicanálise para o marxismo.[45] Mas o descrédito já está lançado sobre a psicanálise há muito tempo. Um verdadeiro termidor enterrou a revolução sexual russa. A volta à família e à ordem patriarcal, promovida por Stálin, está bem adiantada. Ainda que Reich tenha transparecido suspeitas à época, ele não podia aferir a gravidade da situação. Nada mais de essencial parecia distinguir a reação stalinista da reação fascista ou nazista e da propaganda delas em torno da exaltação da família e da pátria.

Em 12 de dezembro de 1929, Reich faz uma apresentação de suas concepções no círculo íntimo de Freud, na qual demonstra a articulação da profilaxia das neuroses com a crítica política da família. Com suas perguntas, ele escandaliza a assembleia reunida em torno de Freud: É normal que de 60% a 80% dos jovens sofram de distúrbios neuróticos? É normal que, de 70% dos doentes, só 30%, se muito, possam recorrer à psicanálise? Que papéis a educação, a moral e o sistema capitalista desempenham na gênese dessa miséria psíquica? Enfim, não impressiona que 80% dos operários de Viena, por viverem com suas famílias num único cômodo, sofram de conflitos e de inibições sexuais? Essas perguntas são recebidas como provocações. Freud responde duramente a Reich que não é da competência da psicanálise "salvar o mundo". Ele reconhecia o talento clínico de Reich, mas rejeitava as consequências práticas de sua crítica da família. Segundo as anotações de Sterba – presente naquele dia –, Freud desaprova "a ambição terapêutica" de Reich: "O pesquisador científico não deveria considerar o aspecto terapêutico". Ele manifesta, além disso, sua desilusão quanto à ambição social de Reich e parece, de sua parte, ter abandonado toda esperança de reformas radicais: "Eu já disse tudo sobre esse assunto em um ensaio.[46] Formulei as mais

---

45 C. Sinelnikoff, *L'Œuvre de Wilhelm Reich*, op. cit., p. 164.
46 Freud faz aqui alusão a seu artigo "A moral sexual 'cultural' e o nervosismo moderno", op. cit., publicado em 1908.

vivas críticas em relação a nossa moral sexual. Mas todas as sugestões que visavam reformar a situação fracassaram".[47] Nesse momento, ganha importância um argumento completamente decisivo para a história da psicanálise, segundo o qual ela não era uma concepção de mundo, uma *Weltanschauung*. Pretendia-se assim preservá-la de apropriação ideológica – o que, aliás, de modo algum impedia o engajamento político do analista.[48] Esse argumento, que Reich fazia seu na época, no entanto, se voltaria contra ele. Retornaremos à questão.

Segundo Reich, *O mal-estar na civilização*, que seria publicado pouco tempo depois (1930), continha trechos inteiros das objeções que Freud lhe fez naquele dia. O livro é, sem dúvida, uma guinada radicalmente pessimista das ideias de Freud sobre a cultura e sobre o homem. Por sua vez, Reich publica no mesmo momento suas ideias em *Maturidade sexual, abstinência, moral conjugal*.

Também aí, esses dois livros e as posições opostas que expressam – recuo pessimista contra engajamento radical – devem ser relacionados ao contexto ameaçador, no plano sociopolítico, em que seus autores estão imersos. A publicação quase contemporânea de ambos atesta uma crise da própria psicanálise, que, por caminhos opostos, busca prolongar um destino prestes a se obscurecer e se fechar. Enquanto certa historiografia da psicanálise se dedica a mostrar que a via reichiana do "engajamento" é um impasse institucional (alguns anos depois, Reich será excluído da Associação Psicanalítica Internacional) e nada

---

47. R. Sterba, *Réminiscences d'un psychanalyste viennois*, op. cit., p. 96
48 Como prova, Bernfeld, um analista bastante engajado politicamente, escreve nesse mesmo ano de 1929 um texto que explicita essa questão. Nele, visa sobretudo, na esteira da publicação recente do livro de Freud *O futuro de uma ilusão*, a "apropriação ideológica" da psicanálise por Psifer, que era religioso – e a quem se dirige a crítica de Freud –, mas também os "desvios" da psicanálise política de Adler. Ver Siegfried Bernfeld, "Ist Psychoanalyse eine Weltanschauung?", in A. J. Storfer, *Almanach der Psychoanalyse*. Wien: Internationaler Psychoanalytischer Verlag, 1929, pp. 28-37.

diz de seus relativos sucessos futuros como analista militante no movimento operário, ela dá muito menos ênfase à desastrosa perspectiva prática que essa posição de Freud autoriza: em sua nova concepção da cultura, a incidência da violência política praticada contra as massas é largamente minimizada. O lastro da violência é doravante carregado, antes de tudo, pela irremediável natureza agressiva do homem. Assim sendo, o analista não precisa mais tomar posição.

A repressão sexual e a crítica do Partido Comunista

Reich decide sair de Viena e se mudar para Berlim, onde ainda existe um clima político mais progressista. Fromm, Bernfeld, Fenichel, assim como a maioria dos analistas que participam do "seminário das crianças" (que reúne a terceira geração de analistas de Berlim), são favoráveis a seus trabalhos. Aliás, nesse momento ainda não há ruptura oficial com Freud, que, em uma carta, lhe assegura que suas funções em Viena estão garantidas.[49]

Também em Berlim Reich adere ao Partido Comunista. Mas constata ali as mesmas dificuldades e as mesmas aporias que em Viena. Além do mais, a situação política piora a passos largos, e os sucessos do Partido Nazista são fulminantes: seus sufrágios passam de 800 mil, em 1926,

---

49 Freud escreve, em sua carta de 10 de outubro de 1930: "Caro doutor, em nossas conversas, chegamos à conclusão de que sua mudança temporária para Berlim não deveria acarretar a perda de seus cargos em Viena, penso que é importante reforçá-lo". Carta de Freud a Reich, citada em Karl Fallend, *Wilhelm Reich in Wien: Psychoanalyse und Politik*. Salzburg: Geyer, 1988, p. 201. Essa posição não era partilhada por Anna Freud, que ao final obrigara Reich a escolher entre Viena e Berlim, argumentando que ele não podia ser membro psicanalista em Viena e Berlim ao mesmo tempo. Já nessa época Anna Freud queria expulsar Reich. Esse elemento era a primeira indicação de sua futura exclusão. Reich abandonou então suas funções em Viena. Voltaremos à questão.

a 6,5 milhões, em 1930. Por sua vez, os comunistas têm problemas, sua propaganda é abstrata e desencarnada. Sobretudo, tentavam assegurar uma posição em um terreno adverso, o que os condenava ao fracasso. O PC organizava, por exemplo, desfiles militares no campo, mas os nazistas eram muito melhores nesse quesito, e seus desfiles obtinham um enorme sucesso. Segundo Reich, era algo "tão impressionante que fiquei surpreso que se tenha reparado tão pouco nisso".[50] As tropas que compunham os desfiles nazistas eram recrutadas em grupos reacionários locais. De que modo, então, podiam ser vistos os desfiles que ocorriam sob o estandarte de uma Internacional remota demais para os camponeses? O componente sexual e afetivo dos movimentos políticos e seu entrelaçamento com a vida cotidiana das massas escapavam completamente aos quadros do Partido Comunista. Para retomar o controle, os marxistas precisariam ter feito sua autocrítica e analisado a propaganda adversa: eles teriam compreendido em que e como esta encontrava, junto às massas, um eco favorável onde a deles fracassava, e a quais terrenos propícios poderiam levar seus esforços.

É o que Reich fizera muito cedo. Em seu livro de 1933, *Psicologia de massas do fascismo*, ele mostra que o sucesso da propaganda nazista se explica pela compreensão e manipulação, mesmo que inconscientes, das reações psíquicas de massa.[51] A propaganda nazista se apropriava de temas antigos, presentes na cultura burguesa, como a pureza da raça e da nação, a denúncia de um inimigo, que seria o judeu ou o bolchevique, a promoção da família alemã e o retorno à ordem militar. Inscritos na cultura e em cada indivíduo, esses temas constituíam fortes motivos afetivos com os quais os nazistas captavam as massas, ao jogar com a ansiedade sexual que pesava sobre elas. Desse ponto de vista, o argumento marxista do "interesse de classe" pare-

---

50 W. Reich, *People in Trouble*, op. cit., p. 108
51 Retomamos aqui livremente as análises de C. Sinelnikoff, *L'Œuvre de Wilhelm Reich*, op. cit., pp. 31-38.

cia bem desencarnado e descolado da realidade. Como tocar o indivíduo, como convencê-lo a avançar na direção de uma revolução hipotética, situada em uma perspectiva tão longínqua, tão incerta e tão arriscada no que diz respeito a sua vida presente? Contrariamente ao que a doutrina afirmava, o operário não era *em si mesmo* revolucionário e não bastava expor-lhe a teoria da História em folhetos para que ele se tornasse um.

Reich observa que um formalismo rígido prevalece na prática cotidiana dos comunistas, o que é palpável no clima das reuniões militantes. Em Berlim, durante um encontro que reúne em um ambiente frenético mais de 20 mil operários após uma manifestação que resultara em mortes, um quadro do partido consegue esfriar o clima fazendo uma apresentação sobre o orçamento da burguesia alemã. Nas reuniões das juventudes comunistas às quais Reich assiste, os quadros do partido chicaneiam para saber como abordar a juventude, mas os folhetos produzidos são abstratos e não interessam a ninguém. A pertinência e a racionalidade de seus argumentos não bastavam para pôr as massas *libidinalmente* em movimento, constata Reich. Sua experiência psicanalítica é, aqui, decisiva. Ele relata o episódio de um operário que militava muito ativamente pelo Partido Comunista e que passou para o Partido Nazista. Mecânico reconhecido por seus camaradas, ele fazia parte da mesma brigada que Reich, mas, durante as eleições de 1932, passou para o outro lado. Seus antigos camaradas cuspiram-lhe na cara e o chamaram de traidor. Ora, diz Reich, "ele não era tão diferente dos outros".[52] O interesse libidinal não coincidia necessariamente com o interesse de classe; Reich observava que o próprio Lênin havia compreendido isso quando, desconsiderando a teoria e para ganhar a revolução, prometera terra aos camponeses – mesmo que essa fosse uma promessa "pequeno-burguesa" que a teoria desautorizava, pois ia contra a coletivização e, ademais, não era à classe

---

52 W. Reich, *People in Trouble*, op. cit., p. 112.

camponesa que cabia fazer a revolução. As ideias de Reich sobre a contradição que podia existir no interior das massas, ou sobre a força do desejo que as impelia ao nazismo mais que ao comunismo, eram completamente incompreensíveis para os quadros do partido. Quando Reich observava que as SA (*Sturmabteilung*, as tropas de assalto do Partido Nazista que espalhavam o terror) eram compostas de trabalhadores e empregados, retorquiam-lhe que essa ideia era reacionária. Para os comunistas, o progresso objetivo do processo histórico e do desenvolvimento econômico garantia que a massa se tornaria revolucionária e combateria Hitler, representante do Capital. Mas o que se produzia era o inverso, e os especialistas do sentido da História se viam desmentidos em seu próprio terreno: as massas que eles defendiam votariam massivamente em Hitler. Chegariam até a *desejar* o Führer.

Reich tinha dado um passo teórico decisivo em sua compreensão psicanalítica das massas e da ascendência que as forças políticas reacionárias exerciam sobre elas. Assim como em um regime burguês, mas em um grau muito mais acentuado nas ditaduras nazista ou stalinista, é a repressão sexual que estava na origem mesma da potência revolucionária:

> A reação política, com o fascismo e a Igreja à cabeça, exige da massa trabalhadora a renúncia à felicidade terrena, a decência, a obediência, a resignação, o sacrifício pela nação, pelo povo, pela pátria. O problema não é o de exigirem isso mas que vivam politicamente e engordem à custa do cumprimento dos preceitos pelas massas. Apoiam-se portanto nos sentimentos de culpa do indivíduo médio, na humildade que lhe foi inculcada, na sua propensão a suportar as privações dócil e silenciosamente, por vezes até com alegria e, por outro lado, [apoiam-se] em sua identificação com o glorioso Führer, que lhes oferece "seu amor pelo povo" como substituto da satisfação real.[53]

---

53 Id., *O que é a consciência de classe?* [1934], s/ trad. Porto: H. A. Carneiro, 1976, p. 21.

Desse modo, para Reich, a repressão sexual exercida sobre a vida cotidiana pelas forças reacionárias tornava-se o objeto da luta verdadeira. Uma vez liberada, a energia sexual permitiria a realização da potência necessária para a verdadeira revolução. A ciência burguesa do indivíduo era, assim, definitivamente invertida: o problema não era saber por que, na massa reprimida, certos raros indivíduos isolados se revoltavam, eram antissociais ou roubavam, e sim por que a maior parte consentia, aprovava e até desejava essa repressão. Ou, como dizia Reich: "O problema fundamental de uma boa psicologia não é saber por que rouba o esfomeado, mas, ao contrário, por que é que não rouba".[54] A ciência já não servia à reação social, mas à revolução política. A profilaxia das neuroses atuais, ao desfazer a inibição que afetava as massas e restabelecer a função sexual que lhes era recusada, permitiria ao sujeito reencontrar sua liberdade e sua potência de agir.

Avaliamos aqui o caminho teórico percorrido por Reich, bem como suas consequências práticas. Compreendemos também por que ele não foi seguido por Freud, que, ao que tudo indica, considerava a conjuntura desfavorável, conforme veremos no capítulo seguinte.

A politização da vida sexual e o sucesso da Sexpol

Em 1930, numa comunicação dirigida à Liga Mundial pela Reforma Sexual, Reich sintetiza o balanço de seu trabalho nos centros beneficentes de Viena. A Liga reunia todas as associações e personalidades que procuravam promover o progresso na questão sexual (descriminalização da homossexualidade, direito ao aborto, direito das mulheres...), mas de maneira apolítica. Ela havia convidado Freud, que recusara. Seus membros, geralmente envolvidos com a política, até mesmo com os partidos, queriam que as associações

---

54 Ibid., p. 23.

nas quais militavam permanecessem independentes. Na Alemanha, a Liga contava com mais de 350 mil adeptos, ou seja, mais que qualquer partido político, e uma parte importante de seus membros era favorável à perspectiva revolucionária. Reich, em seu discurso, propunha uma plataforma para a Liga; a partir de sua experiência nos centros beneficentes, ele procurava politizar o problema sexual em larga escala. Para ele, era preciso unificar todas essas associações a fim de atingir as massas e lutar de maneira eficaz contra a ascensão do nazismo. A Liga rejeitou as proposições de Reich, mas, contrariando qualquer expectativa, o Partido Comunista alemão aceitou seu projeto e o encarregou da direção de uma nova estrutura unificada. Oito associações da Liga responderam imediatamente ao chamado.[55] Foi assim que nasceu a Associação Alemã por uma Política Sexual Proletária, dita Sexpol, que fará seu primeiro congresso em 1931, em Düsseldorf.

De 20 mil adeptos, a Sexpol passa em alguns meses a mais de 40 mil. Reich organiza conferências e reuniões, e aplica seu método: distante dos catecismos da propaganda comunista e enriquecido por sua experiência vienense, ele sabe que é preciso partir da situação vivida pelas pessoas, ou seja, da repressão de que elas são objeto. Na realidade, o trabalhador médio "não é nem nitidamente revolucionário nem nitidamente conservador, mas está dividido", conflito causado por sua situação social: "Sua estrutura psíquica resulta, por um lado, da situação social (que prepara o terreno para atitudes revolucionárias) e, por outro lado, da atmosfera geral da sociedade autoritária – dois fatores que

---

55 Os objetivos da Liga eram, antes de tudo, de ordem prática: tratava-se de reformar o sexo. A Liga inspirava-se nas primeiras reformas sexuais dos bolcheviques. Embora oficialmente apolítica, contava com numerosos membros comunistas. A plataforma proposta por Reich encontra então grande eco favorável entre esses membros. Ver Atina Grossmann, *Reforming Sex: The German Movement for Birth Control and Abortion Reform 1920-1950*. Oxford: Oxford University Press, 1995.

não se irmanam".⁵⁶ É, portanto, ineficaz dar proeminência à consciência de classe e exigir das massas que se unam aos comunistas em nome da racionalidade histórica do movimento revolucionário. Seria ignorar por completo a vida real das massas. Ora, é precisamente a vida concreta e cotidiana dos operários (trabalhar, alimentar-se, ter um teto, educar sua família, divertir-se etc.), feita de todo tipo de imposição, que explica sua consciência de classe "parcialmente subdesenvolvida e parcialmente contrariada por tendências reacionárias antagônicas".⁵⁷ A vida, com suas numerosas facetas e suas demandas, tem evidentemente um impacto mais forte que o de qualquer propaganda política.

Em um folheto de 1934, *O que é a consciência de classe?*, Reich inverte a perspectiva e preconiza a escuta do "indivíduo médio" pelo "quadro esclarecido" do partido:

> Possa esta obra ser encarada como um apelo lançado pelo indivíduo apolítico médio aos futuros dirigentes revolucionários, convidando-os a compreendê-lo melhor, a dele exigir menos compreensão para o "curso da história", a permitir-lhe exprimir melhor os seus sofrimentos e desejos, a falar de maneira menos teórica do "fator subjetivo" da história e a compreender, sobretudo, que esse fator é a vida das massas.⁵⁸

Com sua perspectiva estritamente racionalista, os quadros do Partido e sua "vanguarda" só logravam demonstrar sua cegueira perante os processos psíquicos e materiais reais que mobilizavam as massas e podiam conduzi-las a uma virada política efetiva. Para Reich, era preciso que a vanguarda descesse de seu pedestal, que se fizesse mais humilde, que escutasse as massas, com as quais tinha o que aprender. Era preciso voltar à questão de suas preocupações cotidianas para ligar a "vanguarda revolucionária" ao "comum dos mortais".

---

56 W. Reich, *Psicologia de massas do fascismo* [1933], trad. Maria da Graça M. Macedo. São Paulo: Martins Fontes, 2001, p. 20.
57 Ibid.
58 Id., *O que é a consciência de classe?*, op. cit., pp. 5-6.

É o que Reich aprendera em sua experiência com os pobres em Viena. Ele sabia que a alienação descrita por Marx não era uma coisa abstrata: ela se alojava nos incontáveis detalhes da própria vida. É então nesse nível, e não "de cima", que era preciso intervir, nos antípodas da maneira clássica promovida pelo partido.

Reich dá um uma visão geral de quais eram suas ideias quando interveio em 1931 na escola marxista dos trabalhadores em Berlim:

> No trabalho prático com os membros incultos e quase sempre apolíticos da organização, só havia uma abordagem potencialmente eficaz: ganhar sua confiança pessoal por meio do contato humano, evitar toda teorização e despertar uma consciência das necessidades pessoais, grandes e pequenas. Logrando-se isso, os objetivos socialistas tornam-se uma conclusão inevitável. Desde o começo constatei a inutilidade dos folhetos políticos das organizações partidárias.[59]

Fazer a análise da alienação com aqueles que estavam mais expostos a ela desenvolvia uma consciência de classe que, por sua vez, era mais consistente, mais libidinalmente inscrita no sujeito, que aquela promovida por um slogan. Analisar e reconhecer com os operários "seus desejos e ideias progressistas", mas também "seus desejos contrários e suas angústias" que os impediam de se exprimir: é somente a esse preço que a força libidinal do nazismo e de suas manifestações se esvaziaria, e a revolução verdadeira encontraria a potência de sua realização. Era isso, a politização da questão sexual.

Em Berlim, Dresden, Stettin, Leipzig, os operários comparecem para ver Reich. Seus folhetos e os de seus amigos encontram um eco retumbante. Reich publica *O combate sexual da juventude* e *Irrupção da moral sexual repressiva*; Annie Reich, sua esposa, produz folhetos para os pais (*Se teu*

---

59 Id., *People in Trouble*, op. cit., p. 105.

filho te pergunta) e também para as crianças, como *Os segredos dos adultos revelados às crianças*. Logo as ideias da Sexpol ganham as fábricas do Ruhr, região então dominada pelos nacionalistas. O sucesso é tal que membros das juventudes hitlerista e católica abandonam suas organizações para juntar-se às do Partido Comunista.

Essa vitória, que confirma as ideias e o método de Reich, paradoxalmente marcará o início de seus aborrecimentos com o PC. Os quadros do partido se inquietam. Desconectados da juventude, como poderiam acolher aquelas mulheres nacional-socialistas que se inscrevem massivamente nas organizações da Sexpol e têm questões sobre a sexualidade? A direção do PC em Berlim acusa Reich de querer substituir a política econômica pela política sexual. Considera a luta sexual totalmente secundária em relação à luta de classes: aliás, não seria ela uma luta pequeno-burguesa? O PC procura retomar o controle e pede que se organizem congressos para ajustar as associações da Sexpol a sua visão. Desse modo, o partido entra diretamente em conflito político e organizacional com os membros não comunistas das associações de reforma sexual. Os livros e folhetos de Reich são proibidos entre os movimentos da juventude comunista – proibição evidentemente desrespeitada. Posteriormente, o partido se alarma: as organizações das juventudes comunistas de Dresden solicitam um alojamento para cada adolescente. Reich deve comparecer diante de uma comissão do partido, mas se esquiva depois de ter colocado nos postos-chave da organização seus melhores discípulos.

O incêndio do Reichstag interrompe o caso. Os nazistas estão por trás dele, mas acusam os comunistas. Assim, com a cumplicidade indireta de Hindenburg, 1500 intelectuais e responsáveis comunistas são detidos pelas tropas de assalto. Muitos dos amigos de Reich são executados e ele próprio deve sua salvação unicamente ao fato de nunca ter sido membro oficial do PC alemão nem figurar nas listas das SA.

Começa, então, seu exílio. Na primavera de 1933, vai a Copenhague, onde recebe o apoio de Leunbach, um dos fundadores da Liga e que compartilha de suas ideias. Ele não é bem-visto pelas autoridades, no entanto, e sua autorização de residência não é renovada. No outono de 1933, chega a Malmö, na Suécia, aonde seus amigos e alunos de Copenhague vão regularmente encontrá-lo. Intrigada por essa movimentação, a polícia o vigia e faz buscas sem mandado em seu domicílio. Tampouco na Suécia seus papéis são renovados. Reich volta à Dinamarca em junho de 1934, de maneira ilegal, antes de finalmente se instalar na Noruega, em Oslo, no fim de outubro de 1934. Lá permanece até 1939. Funda a *Die Zeitschrift für Politische Psychologie und Sexualökonomie* [Revista de Psicologia Política e Economia Sexual], com correspondentes no mundo inteiro, na qual expõe suas teses e reflete sobre a organização do mundo operário. Dá início a sua crítica da burocracia, baseando-se em sua experiência com o PC e a Associação Psicanalítica Internacional. Em uma reedição, em 1937, de *O combate sexual da juventude*, chega até a repudiar os termos "comunismo" e "comunista", que, "em decorrência da atitude catastrófica do Komintern", perderam o sentido. Ele propõe substituí-los pela palavra "revolucionário". Seu livro se limita, segundo ele, "à primeira liga comunista fundada por Marx". Recrimina-se por não ter sido capaz de conceber mais cedo a organização de outro movimento baseado na autogestão: "O termo 'Sexpol' fora introduzido havia muito tempo e significava 'organização de política sexual', embora não houvesse presidente nem secretários. [...] Isso não combinaria com a causa. [...] Tinha sido recompensador aplicar a noção de autogestão na formação dessa organização [...]".[60] Não seria essa uma terceira via libertária que poderia realizar a revolução melhor que as burocracias soviéticas e psicanalíticas? Reich não olha mais para o Leste. Engaja-se numa crítica do modelo soviético para elucidar as razões de sua ruína e de sua reviravolta. Daí em diante, dirige o olhar para a revolução espanhola, que dá "uma bela lição ao movimento revolucionário e à democracia burguesa".[61]

---

60 Ibid., p. 182.
61 Ibid.

[3] O FUTURO DO PESSIMISMO FREUDIANO

De 1918 a 1927, Freud promove, como vimos, uma visão política otimista e favorável às reformas progressistas.[1] A psicanálise e suas instituições novas, como as policlínicas do movimento que ele iniciou, contribuem para essas reformas. Em *O futuro de uma ilusão* (1927), Freud também defende uma visão da educação em que a pressão social seja dessacralizada e substituída por uma abordagem baseada nos fatos e na racionalidade, ensejando "o amor entre os homens" e "a limitação do sofrimento".[2] É também nesse livro que ele justifica a revolta das massas contra a opressão exercida por uma minoria e denuncia a sina reservada às mulheres.

Mas durante o verão de 1929, quando redige *O mal-estar na civilização* (que será publicado em 1930), Freud muda de rumo. Sua crítica da ilusão já não se limita à religião, mas se estende ao comunismo. Ao contrário de sua posição

---
[1] O que, no entanto, vale lembrar, não faz de Freud um comunista.
[2] Sigmund Freud, *O futuro de uma ilusão* [1927], in *Obra completa*, v. 17, trad. Paulo César de Souza. São Paulo: Companhia das Letras, 2014, p. 297.

anterior, aberta, seu juízo agora é categórico. Além disso, Freud insiste cada vez mais na ideia de "neutralidade" da psicanálise. Essa ideia, já presente evidentemente na concepção freudiana antes de 1929, pode ser assim resumida: a psicanálise, como ciência, não deve tomar partido político. Ela não é uma *Weltanschauung*, uma concepção de mundo. No entanto, suas descobertas não deixam de ter efeitos sobre o mundo, e sobre a política. Existe, portanto, todo um campo de aplicações sociais da psicanálise – o que se denomina classicamente psicanálise aplicada –, mas esse campo se articula a partir das necessidades reveladas pela ciência psicanalítica. A psicanálise pode ser expandida (tirada do âmbito do divã e do tratamento), mas somente em conformidade com sua lógica própria, e não a partir de considerações partidárias. Ainda que envolvido com a esquerda (quando apoia Victor Adler, por exemplo), Freud sempre fez questão de preservar o domínio da psicanálise de apropriações ideológicas.

O contexto da reviravolta freudiana: o fim da esperança russa e a ascensão do nazismo

Na realidade, a partir da publicação de *O mal-estar*, a concepção freudiana da psicanálise como ciência independente e neutra conhecerá, em razão do contexto político, uma inflação sem precedentes no campo analítico – há um florescimento de textos de psicanalistas sobre esse tema –, mas também sofrerá uma nítida inflexão.[3] Com o desmoronamento do ideal revolucionário e a ascensão do stalinismo e do fascismo, essa discussão, até então secundária, torna-se decisiva. Disso resultará uma orientação nova, na direção de uma concepção da psicanálise francamente *apolítica*.

---

3 Trata-se de um tema antigo no campo analítico, que remontava aos anos 1910, com James Putnam, fundador da Sociedade Estadunidense de Neurologia.

O que se passa então com Freud que possa explicar uma inflexão tão radical na articulação da psicanálise com a política?[4] Para compreender isso, é preciso voltar ao contexto geopolítico do momento. Predomina então a ideia de que só é possível abordar os textos e as tomadas de posição teóricas por meio da exegese, desprezando as condições históricas e materiais de sua enunciação. Para além das posições individuais, assiste-se a uma verdadeira crise da psicanálise, que exigia que se repensasse a articulação psicanálise/política e abria uma bifurcação dentro da disciplina.

Se, ainda em 1927, em *O futuro de uma ilusão*, Freud junta-se a Reich quando defende a experiência revolucionária russa, em 1929 isso já não ocorre. Um e outro têm em comum certo desconhecimento da situação real na União Soviética: ainda que não tenham percebido a tomada do poder autoritária que havia muito esmagara a esquerda de Lênin e os primeiros reformadores progressistas,[5] é preciso admitir que Freud abriu os olhos antes de Reich. Ao contrário deste, Freud não precisou ir à Rússia para constatar o fracasso da experiência revolucionária. Ele conhece pessoalmente os psicanalistas do Instituto de Moscou, Sabina Spielrein, Ermakoff e Wulff, que com certeza o puseram a par da degradação da situação no país. No começo dos anos 1930, por sua vez, Reich faz a crítica da experiência russa. Na realidade, com o declínio de Lênin em 1923 tem início o empreendimento

---

4 É verdade que a doxa geralmente não se ocupa desse questionamento. Ela comete, assim, um triplo erro: do ponto de vista exegético, não faz justiça à evolução da obra freudiana; do ponto de vista histórico, nada diz das práticas psicanalíticas progressistas que Freud promove nos anos 1920, nem daquelas que, ao contrário, serão defendidas por sua associação em nome da suposta neutralidade em psicanálise após 1929 e com a chegada de Hitler ao poder. Por fim, do ponto de vista ideológico, essa leitura fetichiza um momento tardio da enunciação de Freud ao isolá-lo de seu contexto e dos debates e práticas, por vezes contraditórios, que eram correntes no meio analítico.

5 Para sermos mais precisos, pensamos aqui na esquerda Trótski: o ramal libertário esmagado muito precocemente.

burocrático stalinista, que resulta num verdadeiro "termidor sexual".⁶ O lar de crianças psicanalítico de Vera Schmidt é fechado no começo desse período (1924). A caça ao "contrabando trotskista" – apresentado como o último baluarte oficial da psicanálise – e a promoção por Stálin de uma volta à família e à *auctoritas paternalis* como alicerce da nação, seria o golpe fatal para os movimentos de emancipação, já residuais, bem como para a psicanálise russa. É nesse ponto que ganha sentido a guinada política de Freud; nele também se esclarece a nítida inflexão expressa em *O mal-estar*, obra na qual ele vincula a violência social *antes de tudo* a privações necessárias impostas pelo processo da cultura, e condena o comunismo. Mas Freud parece jogar fora o bebê com a água do banho; seria essa a única resposta possível ao desastre da experiência russa e ao sufocamento dos movimentos progressistas ante a escalada do fascismo? Essa não será a posição de Reich, e eis aí um aspecto decisivo do problema da articulação da psicanálise com a política, pois na época diz respeito ao futuro imediato da disciplina. É nessa conjuntura histórica concreta que devemos compreender o que estamos chamando de "pessimismo freudiano", associado muitas vezes ao "realismo" freudiano exaltado pelo psicanalismo contemporâneo. Este último vê, *a posteriori*, no princípio de um instinto de morte hipostasiado o conjunto da cultura presente em *O mal-estar*, a expressão do gênio teórico de Freud e de sua "lucidez" política em relação à iminente guerra destruidora. No entanto, isso significa proceder mais uma vez a uma inversão das causas.⁷ Deveríamos interrogar

---

6 Richard Stites, *The Women's Liberation Movement in Russia: Feminism, Nihilism, and Bolshevism, 1860-1930*. Princeton: Princeton University Press, 1978.

7 Encontramos, por exemplo, essa contextualização de forma bastante fragmentada (e como que "invertida") em Jean-Michel Quinodoz, *Lire Freud: découverte chronologique de l'oeuvre de Freud*. Paris: PUF, 2004, p. 263. "Visão pessimista ou visão lúcida sobre a condição humana?": entre Caríbdis e Cila, é esse o programa de leitura de *O mal-estar* tipicamente recomendado aos estudantes que desejem "ler Freud bem".

o fato de esse princípio ter seu apogeu teórico precisamente em um momento de reversão rumo à barbárie social. Os movimentos progressistas na Europa Ocidental já se dispersaram, o antissemitismo ganha terreno quase que por toda parte. Freud já não alimenta grande esperança quanto ao futuro. A experiência da Rússia revolucionária, em que ele havia acreditado e que tinha entre seus objetivos estabelecer a educação não religiosa a que ele aspirava, fechou-se em um violento autoritarismo. Freud parece, então, aplicar literalmente o que havia anunciado em *O futuro*: "Se o resultado for insatisfatório, estarei disposto a desistir da reforma e voltar ao julgamento anterior, puramente descritivo: o homem é um ser de inteligência fraca, governado por seus desejos instintuais".[8] É nesse contexto que precisamos compreender a referência de Freud à máxima hobbesiana (*Homo homini lupus*) e sua decisão a favor da tese segundo a qual os problemas sociais e sua violência seriam *antes de tudo* um fato da estrutura do psiquismo dos homens, que se caracterizaria por um "pendor à agressão". Doente[9] e desencantado, Freud cede diante da situação geopolítica do momento: "Cada um de nós vive o momento em que deixa de lado, como ilusões, as esperanças que na juventude depositava nos semelhantes, e aprende o quanto a vida lhe pode ser dificultada e atormentada por sua malevolência".[10] O pessimismo declarado de Freud se tinge de nostalgia e desilusão. O apogeu que ele atinge deve, assim, estar ainda mais circunscrito a esse período.[11] Desconhecer esse dado leva a um contrassenso sobre a

---

8   S. Freud, *O futuro de uma ilusão*, op. cit., p. 291. Ideia que ele reitera um pouco adiante, p. 296: "Se a experiência vier a mostrar [...] que nos equivocamos, então abandonaremos nossas expectativas".
9   Ele sofre de um câncer há vários anos e fará 31 dolorosas operações, a maior parte delas para remover leucoplasias ligadas aos tumores malignos.
10 S. Freud, *O mal-estar na civilização* [1930], in *Obras completas*, v. 18, trad. Paulo César de Souza. São Paulo: Companhia das Letras, 2010, p. 78.
11 Obviamente, esse pessimismo já se exprime anteriormente na obra freudiana (ver, por exemplo: "Sobre a mais comum depreciação

interpretação de *O mal-estar* e seu lugar na obra freudiana,[12] mas também sobre a história da disciplina, pois essa guinada marca simbolicamente um antes e um depois na teoria freu-

---

na vida amorosa" [1912], in id., *Obra completa*, v. 9, trad. Paulo César de Souza. São Paulo: Companhia das Letras, 2013). No entanto, assim como ocorre com a questão e o debate em torno da *Weltanschauung*, assiste-se aqui, de alguma maneira, a sua "erupção".

12 Já evocamos como o psicanalismo ignora o aspecto político de *O futuro de uma ilusão*, mas é preciso enfatizar também que ele negligencia os elementos de continuidade teórica que subsistem, apesar de tudo, em *O mal-estar*. Para ele, o pessimismo freudiano deve ser total, sem nuances e para sempre. Ora, se Freud afirma em *O mal-estar* que há "dificuldades inerentes à cultura, que não cederão a tentativas de reforma", o psicanalismo praticamente omite o fato de que, *ao mesmo tempo*, Freud ainda *mantém* nesse livro a necessidade e a possibilidade de reformas: "Se justificadamente objetamos, em nosso estado atual de civilização, que ele não preenche nossos requisitos de um sistema de viver, que admite muito sofrimento que se poderia provavelmente evitar; se, de modo implacavelmente crítico buscamos expor as raízes de sua imperfeição, sem dúvida exercemos o nosso mero direito, não nos mostramos inimigos da cultura. É lícito esperar que pouco a pouco lhe introduziremos mudanças que satisfaçam melhor as nossas necessidades e escapem a essa crítica" (*O mal-estar na civilização*, op. cit., pp. 82-83). Enfim, Freud mantém também em *O mal-estar* sua crítica política em relação à repressão sexual excessiva específica da "cultura ocidental": "Nisso a cultura se comporta, em relação à sexualidade, como uma tribo ou uma camada da população que submeteu uma outra à sua exploração. O medo de uma revolta dos oprimidos leva a rigorosas medidas de precaução. Nossa cultura europeia ocidental mostra um ponto alto nessa evolução" e "de modo algum se justifica" que a sociedade "tenha chegado ao ponto de também negar esses fenômenos" (ibid., p. 68). Ainda que seja seriamente minimizada, Freud de modo algum exclui a necessidade e a pertinência de uma intervenção em favor da justiça social. Em suma, o psicanalismo se perde quando insiste tanto em Tânatos que o faz parecer a verdade metapsicológica *unilateral* desvelada pela psicanálise sobre o inconsciente. Eros nunca está longe. Freud, aliás, termina *O mal-estar* invocando seu princípio: "Cabe agora esperar que a outra das duas 'potências celestiais', o eterno Eros, empreenda um esforço para afirmar-se na luta contra o adversário igualmente imortal" (ibid., p. 122). Freud indica muito bem: "mas quem pode prever o sucesso e o desenlace?".

diana e nas práticas psicanalíticas. De fato, nos anos 1920, esse pessimismo teórico nunca teria lançado raízes no solo então vasto e fecundo da psicanálise. O momento de sua enunciação por Freud, em 1930, marca também o início do lento desamparo do movimento psicanalítico, para o qual, de certa maneira, ele vai largamente contribuir. Trata-se de um momento de desilusão – tanto maior quanto a grandeza das esperanças nutridas e da energia investida –, mas inaugura também outro período para a psicanálise, que será pouco a pouco conduzido ao desastre. A nova perspectiva sobre o político, dita "realista", mas na realidade totalmente desiludida, deve ser relacionada com as práticas orquestradas por Ernest Jones visando à "salvação" da disciplina, as quais Freud não tardaria a apoiar.

Ernest Jones, o "salvador" da psicanálise

Psiquiatra e psicanalista galês, Jones é o representante da psicanálise anglo-saxã dentro da Associação Psicanalítica Internacional. Em 1911, fundou a Associação Psicanalítica Estadunidense e, em 1919, a Sociedade Britânica de Psicanálise. Também é conhecido por sua biografia de Freud (uma verdadeira hagiografia), intitulada *A vida e a obra de Sigmund Freud*,[13] que apresenta sua versão da história do movimento psicanalítico e ainda é referência em inúmeros meios psicanalíticos. Pouco simpático aos freudianos de esquerda, Jones, graças ao colapso do movimento revolucionário no velho continente, pretende rever a articulação da psicanálise com o campo político e reorientá-la para uma perspectiva mais "razoável", ou seja, para o liberalismo ou o parlamentarismo burguês tal como existente nos países anglo-saxões. No momento em que a situação da

---

13 Bastante extensa, é publicada em três tomos. Ver Ernest Jones, *The Life and Work of Sigmund Freud*. New York: Basic Books, 1953-57 [ed. bras.: *A vida e a obra de Sigmund Freud*, trad. Julio Castañon Guimarães. Rio de Janeiro: Imago, 1989].

psicanálise continental está prestes a se tornar catastrófica com a escalada do fascismo – nos mesmos países onde ela havia experimentado, pouco tempo antes, um crescimento extraordinário –, uma estratégia nova se desenha: a de deslocar seu centro de gravidade para o eixo anglo-saxão e torná-la mais discreta, sobretudo na Alemanha e na Áustria, a fim de "preservá-la". Freud, na contramão da maioria de seus discípulos, acaba por apoiar a ideia de que "a existência da psicanálise constituída como organização deve continuar nas mesmas condições sob o Terceiro Reich".[14] Jones torna-se o instigador dessa política de "salvação".

Essa nova orientação tem algumas consequências. Antes de tudo, será preciso "eliminar" os analistas que se expressam de forma demasiadamente ruidosa pela esquerda. Ora, é exatamente o caso de Reich, que, no começo dos anos 1930, adquiriu grande notoriedade por sua ação junto às massas e por suas publicações. Aos olhos do público alemão e austríaco, ele surge como a voz da jovem psicanálise em ascensão. É conhecido por ser um alvo para os nazistas, os quais, aliás, critica abertamente. Doravante, Reich constitui uma ameaça para a disciplina e sua sobrevivência. Mas, contrariando a versão da história sustentada por Jones, seu caso não é isolado, pois a maior parte dos analistas da época é claramente de esquerda. A expulsão secreta de Reich da Associação Psicanalítica Internacional no verão de 1933 proclama a sentença de morte oficial para o engajamento político de todos os analistas, mas também anuncia a iminente racialização do Instituto de Berlim: em breve, será a vez de todos os judeus serem expulsos. Ou melhor, serão, como diz Jones, "convidados a sair". As grandes vozes da psicanálise dos anos 1920 (na maioria judeus, e de esquerda) acabarão por se exilar: Eitingon, Fenichel, Simmel e muitos outros.

Esse duplo movimento de expulsão é mobilizado por um mesmo argumento, o do "apolitismo" da psicanálise.

---

14 Bernd Nitzschke, "La Psychanalyse considérée comme une science 'a'-politique", trad. Sabine Bollack. *Revue Internationale d'Histoire de la psychanalyse*, n. 5, 1992, p. 171.

Jones, presidente da Associação durante esse período, faz dele a regra constitutiva e imutável da disciplina psicanalítica. Como dissemos, essa temática conhece então um sucesso sem precedentes. Entre 1929 e 1933, não menos do que cinco textos são consagrados ao tema, entre os quais um de Freud, em 1933: "Acerca de uma visão de mundo".[15] Sob a aparência de uma discussão científica, esse texto comporta, na realidade, implicações políticas de envergadura que comprometem o destino da psicanálise como prática. No momento em que o nazismo está em plena expansão, Freud reafirma a ideia de uma psicanálise neutra.

O que o nazismo fez à psicanálise: a partida de Eitingon

Um mês após a tomada do poder por Hitler, Max Eitingon, diretor do Instituto Psicanalítico de Berlim, fica preocupado. Fundador e principal financiador do instituto com o qual se identifica (com toda razão), Eitingon era considerado em 1930 por Ernest Jones "o coração de todo o movimento psicanalítico internacional". Judeu e polonês, ele não tem nacionalidade alemã. Além disso, discorda da nova orientação política adotada pela psicanálise. Para ele, qualquer ideia de adaptação da psicanálise ou do instituto ao nazismo é absurda. E, num cenário político calamitoso como aquele, ninguém pode ter pretensões de substituí-lo na direção do Instituto sem com isso trair seu espírito. Ele afirma com determinação: não sairá a não ser à força. De

---

15 S. Freud, "La psychanalyse est-elle une *Weltanschauung*?" [A psicanálise é uma *Weltanschauung*?, 1933], in *Nouvelles conférences d'introduction à la psychanalyse*. Paris: Gallimard, 1989. Esse texto é também conhecido em francês sob o título mais "clássico" – em virtude de uma tradução mais antiga – "D'une conception de l'univers" [Sobre uma concepção do universo] [ed. bras.: "Acerca de uma visão de mundo" [1933], *Novas conferências introdutórias à psicanálise*, in *Obra completa*, v. 18, trad. Paulo César de Souza. São Paulo: Companhia das Letras, 2010.

resto, ainda não há nenhuma diretiva oficial do Estado a esse respeito e, se houver, Eitingon pretende simplesmente fechar o Instituto. Ele vê a si mesmo como o último baluarte ante a barbárie que poderia acometer a psicanálise. Sua posição é claríssima: não pode haver nenhuma continuidade, nenhum compromisso com o inimigo nazista, e seria indigno e desonroso antecipar tal movimento. Escreve então a Freud nesse sentido em 19 de março de 1933 para lhe expor seu ponto de vista e pedir que tome uma posição:

> Eu gostaria de esperar tranquilamente para ver como as coisas evoluem, esperar tranquilamente para ver tudo o que poderia acontecer ao Instituto Psicanalítico. Ficar nele até o último momento, eventualmente fechá-lo eu mesmo, se for preciso fechá-lo, ou ao menos estar presente se for fechado. Como não vejo quem possa prolongá-lo com o espírito dele em circunstâncias tão diferentes, se essa situação aberrante se instaurar, gostaria de não deixar a ninguém o encargo de fazer com que o Instituto sobreviva, enquanto eu, estrangeiro e médico estrangeiro, não poderia mais trabalhar. Se eu um dia fosse forçado a deixar meu local de trabalho e o país onde vivi durante quarenta anos, não seria cometer uma injustiça para com meus colegas que aqui estão eu deixar de acreditar numa continuidade, mesmo que aproximada, eu deixar de acreditar na sobrevivência do Instituto, em uma situação de tal maneira transformada? Emprego esta palavra literalmente: forçado, pois não imaginaria partir um segundo mais cedo ou sob uma pressão inferior a esta. Muitos dos meus colegas já foram destituídos nestes últimos anos, quantos outros parariam ou seriam ainda forçados a parar; ademais, decerto tenho o direito de me identificar com o Instituto ou, ao contrário, de identificar o Instituto comigo. Alguns colegas aqui responderam com incompreensão ou rejeição quando aludi a essas ideias, sem, contudo, me dissuadir de meu ponto de vista. Eu gostaria de conhecer sua opinião, Senhor professor.[16]

---

16 Max Eitingon, "Lettre 754 E", in S. Freud e M. Eitingon, *Correspondance 1906-1939*, org. Michael Schröter. Paris: Hachette Littératures, p. 784.

Apesar da censura que pesa sobre a correspondência com Freud depois de 1933 e da necessidade desses dois epistolares de nuançar suas ideias, a carta de Eitingon é explícita e radical. Ainda que não os nomeie, os colegas que rejeitam suas ideias são bastante conhecidos de Freud: são Ernest Jones, Felix Boehm e Carl Müller-Braunschweig, psicanalistas membros da Associação, que tentam afastá-lo. Segundo a nova política de "salvação", os dirigentes da psicanálise devem necessariamente ser arianos para que ela se adeque às exigências do novo poder. Ora, é precisamente esse o caso de Boehm e Müller-Braunschweig: é por essa razão que Jones procura promovê-los, o que Eitingon não poderia aceitar.

Freud responde rapidamente, em 21 de março de 1933, e lhe oferece três possibilidades, que revelam sua inclinação pela solução descartada por seu discípulo. Freud, é certo, considera o encerramento administrativo do Instituto: "Na primeira, a psicanálise é proibida e o Instituto fica sujeito a um fechamento administrativo". Mas, ao contrário de Eitingon, Freud entrevê também duas outras possibilidades a favor de uma continuidade. Não entende a advertência de Eitingon, que insiste na impossibilidade de continuar as atividades do Instituto sem corromper gravemente seu espírito. Freud imagina, ao contrário, a sobrevivência do Instituto sob a alçada oficiosa de Eitingon:

> Na segunda possibilidade, nada acontece ao Instituto, mas, como estrangeiro etc., você é afastado da direção. No entanto, você permanece em Berlim e pode continuar a exercer uma influência oficiosa. Nesse caso, parece-me que você pode não fechar o Instituto. [...] É também do interesse geral que ele seja mantido para sobreviver a tempos desfavoráveis.

A cegueira de Freud a esse respeito é total. Ele prossegue: "No intervalo, um indiferente como Boehm poderá continuar a dirigi-lo".[17] Ora, de modo algum Boehm era uma

---

17 S. Freud, "Lettre 755 F", in S. Freud e M. Eitingon, *Correspondance*, op. cit., p. 785.

pessoa "indiferente"; era um "ariano", reconhecido como sendo de "raça pura" pelo novo Estado alemão. Eitingon não se deixa enganar por essa proposta e responde a Freud três dias depois: "O que eu temia era precisamente a possibilidade de ser forçado a submeter o Instituto a um 'indiferente', e que esse 'indiferente' seja justamente uma pessoa como a que você mencionou".[18] A História lhe daria razão: alguns anos depois, Boehm se revelaria um "psicanalista" muito zeloso, que colaborou ativamente para a vigilância dos homossexuais e depois para sua deportação.[19]

Freud imagina uma terceira hipótese: o Instituto sobrevive, mas Eitingon parte, voluntariamente ou forçado, e "perde toda influência". Para Freud, o "perigo aumenta no interior do Instituto", que poderia ser apropriado por inimigos internos para suas "próprias intenções". Ele cita nominalmente Harald Schultz-Hencke, um psicanalista dissidente não judeu que poderia parecer confiável aos olhos dos nazistas. Lendo essa terceira opção, compreende-se que para Freud, ao contrário de Eitingon, o maior perigo para a psicanálise e para o Instituto não é o nazismo, ao qual uma e outro devem poder se acomodar, mas sua apropriação por dissidentes que desnaturariam seu espírito! Na carta a Eitingon de 17 de abril de 1933, em que relata seu encontro com Boehm, Freud indica que este, assim como Müller-Braunschweig, "[recusa] qualquer concessão essencial no funcionamento da análise".[20] Segundo ele, "o essencial da análise" (que teria sido importante definir) poderia subsistir nas condições do nazismo; a ameaça

---

18 M. Eitingon, "Lettre 756 E" de 24 de março de 1933, in S. Freud e M. Eitingon, *Correspondance*, op. cit., p. 786.
19 Karen Brecht et al., Volker Friedrich, Ludger M. Hermanns, Isidor J. Kaminer e Dirk Juelich, *"Ici, la vie continue d'une manière fort surprenante"... Contribution à l'histoire de la psychanalyse en Allemagne*. Paris: Association Internationale d'Histoire de la Psychanalyse, 1987, pp. 150-57.
20 S. Freud, "Lettre 759 F", in S. Freud e M. Eitingon, *Correspondance*, op. cit., p. 789.

principal proviria sobretudo de pessoas sediciosas dentro do campo. Nesses tempos sombrios, Freud parece se preocupar mais em preservar o templo da psicanálise do que em considerar a situação política geral. Portanto, a terceira possibilidade não é senão um pretexto para chamar a atenção para as demais. Na realidade, Freud convida Eitingon indiretamente a escolher a segunda opção: manter o Instituto Psicanalítico de Berlim aberto e se "retirar" de sua presidência a favor de Boehm, que supostamente preservaria "o essencial". Quando Freud e Boehm se encontram, este ainda toma o cuidado de assegurar que "Schultz Hencke nunca fará parte da administração", mas também – a pedido de Freud – que não poupará esforços para que Reich seja expulso.[21] Ainda que Freud nunca tenha tido Boehm em alta estima, essas garantias lhe parecem então suficientes para confiar nele.

Apesar da ameaça do nazismo, Reich continua a alardear suas opiniões, o que é inadmissível do ponto de vista da nova orientação. Nesse começo dos anos 1930, além de sua atividade na Sexpol, ele tem a "cara de pau"[22] (a expressão é de Anna Freud) de voltar a Viena para dar uma conferência na Sociedade Psicanalítica em que leva a público seu engajamento político contra os nazistas. Em *Psicologia de massas do fascismo*, publicado em 1933, ele critica abertamente o nacional-socialismo. Freud, por seu lado, publica no mesmo ano, como vimos, seu artigo "Acerca de uma visão de mundo", que lança a questão de se a psicaná-

---

21 "Ele aceitou expulsar Reich"; S. Freud, "Lettre 759 F3", op. cit., p. 789. De sua parte, Boehm manifesta a vontade explícita de Freud de "livrá-lo de Reich"; ver Felix Boehm apud B. Nitzschke, "La Psychanalyse considérée comme une science 'a'-politique", op. cit., p. 172. Para todas essas questões, podemos recorrer a B. Nitzschke e K. Fallend, *Der "Fall" Wilhelm Reich: Beiträge zum Verhältnis von Psychoanalyse und Politik*. Frankfurt: Suhrkamp Taschenbuch, 1997.
22 Segundo a filha de Reich, também Anna Freud teria trabalhado para influenciar Freud e Jones a expulsar Reich. Lore Reich Rubin, "Wilhelm Reich and Anna Freud: His Expulsion from Psychoanalysis". *International Forum of Psychoanalysis*, v. 12, pp. 109-17, 2003.

lise é uma *Weltanschauung* para, naturalmente, responder negativamente.²³ Esse texto não é trivial. Contrariamente à leitura que o meio analítico dominante faz dele hoje, não se trata somente de epistemologia. Em plena ascensão do nazismo, Freud defende no texto a ideia de uma neutralidade da ciência psicanalítica. A pretexto de uma discussão científica, Freud designa como adversários, depois da religião, o anarquismo político (a "contrapartida" do relativismo na ciência) e o marxismo. Quanto a este último, seu julgamento é categórico:

> A outra visão de mundo deve ser tomada mais a sério, e neste caso também deploro vivamente a insuficiência de minha informação. Imagino que saibam mais do que eu sobre o assunto, e que há muito tempo já tenham tomado a posição a favor ou contra o marxismo. [...] Tal como foi concretizado no bolchevismo russo, o marxismo teórico ganhou a energia, a coesão, o caráter exclusivo de uma visão de mundo, mas também, ao mesmo tempo, uma inquietante semelhança com aquilo que se combate.²⁴

Freud remete o marxismo a uma *Weltanschauung* perigosa, muito distante da ciência psicanalítica e sem relação com ela. Logo depois do sucesso fulminante dos nazistas, não emite nenhuma crítica pública a eles e, ao contrário, adota explicitamente como alvo o comunismo. O subtexto político é claro: trata-se de se opor à concepção de uma psicanálise engajada. Para a nova "tábua de salvação da psicanálise", a posição de Reich é inaceitável e ameaça a "sobrevivência" das instituições analíticas.²⁵ Sua expulsão secreta²⁶ da Sociedade Psicanalítica Alemã se dará durante o verão de 1933. E

---

23 S. Freud, "Acerca de uma visão de mundo", *Novas conferências introdutórias à psicanálise,* op. cit.
24 Ibid., pp. 347, 351.
25 De fato, Reich figurava nas listas elaboradas pela Gestapo.
26 É secreta e não pode ser oficial, pois a influência de Reich na época é considerável no meio analítico.

é também em nome dessa neutralidade que a arianização do Instituto será selada.

"Neutralidade" na psicanálise e arianização da Sociedade Psicanalítica Alemã

Em 1933, Max Eitingon opõe-se à nomeação de Boehm para a presidência do Instituto Psicanalítico alemão, assim como desaprova a expulsão de Reich.[27] Esse socialista resoluto deixa a Alemanha e vai à Palestina, onde abrirá uma policlínica baseada no modelo berlinense. Em Berlim, Boehm e Müller-Braunschweig são finalmente eleitos, em 18 de novembro de 1933, para a direção do Instituto. Werner Kemper, outro analista "ariano", é eleito controlador de contas. Em pouco tempo, esse triunvirato reina incontestado, enquanto os judeus e os vermelhos são expulsos durante uma sessão presidida pessoalmente por Jones.

Como indica Boehm em um relatório endereçado a Jones, ele vai com Müller-Braunschweig ao Ministério da Cultura nacional-socialista para mostrar que a psicanálise não é "uma porcaria judaico-marxista". Incitado por um funcionário a estabelecer uma distinção entre a verdadeira psicanálise e seus desvios esquerdistas, Müller-Braunschweig redige um memorando que é lido a Jones. Uma versão abreviada é publicada em uma revista de propaganda nazista, a *Reichswart*, em outubro de 1933. Müller-Braunschweig defende aí o argumento de que a psicanálise não é uma *Weltanschauung*, recusando assim a ideia de que seja "desintegradora da alma alemã". Embora pudesse se revelar "perigosa" nas mãos de um "espírito destruidor, tinha também um papel a desempenhar na construção do regime nazista".[28] Como observa

---
27 "Não deveríamos pôr Reich para fora, sobretudo agora". M. Eitingon, "Lettre 760 E" de 21 de abril de 1933, in S. Freud e M. Eitingon, *Correspondance*, op. cit., p. 792.
28 Apud B. Nitzschke, "La Psychanalyse considérée comme une science 'a'-politique", op. cit.

o historiador Geoffrey Cocks, esse ensaio condenava "indireta, mas claramente"[29] seus colegas judeus – e, poderíamos acrescentar, também claramente os analistas de esquerda, encabeçados por Reich. Em uma carta oficial, Reich denuncia a fala de Müller-Braunschweig, tal como, corajosamente, denuncia o conluio da Sociedade Psicanalítica Alemã com o regime de Hitler:

> Como membro da DPG [Sociedade Psicanalítica Alemã] forçado à emigração, declaro por meio desta que o artigo em questão de Müller-Braunschweig é uma vergonha para a ciência como um todo e para o movimento psicanalítico. Sob a direção de seu conselho de administração, a DPG tenta sua integração na Sociedade Alemã de Medicina Geral para a Psicoterapia, sobre a qual o *Reichsführer* declara, no prefácio da *Zentralblatt für Psychotherapie* [Revista Central de Psicoterapia] de dezembro de 1933: "A Sociedade espera que todos os membros que escrevem tenham estudado o livro fundamental de Adolf Hitler *Mein Kampf* e o reconheçam como uma obra de base".[30]

Para além da posição ideológica de Müller-Braunschweig, e conforme a nova orientação de "salvação", tratava-se, portanto, para a DPG, de se integrar à Sociedade Alemã de Medicina Geral para a Psicoterapia, que exigia de seus membros um juramento de lealdade ao Führer. É a essa fusão institucional que Boehm se dedicava ativamente, encorajado por Jones.

Em 1934, por ocasião do XIII Congresso Internacional de Psicanálise em Lucerna, há rumores de protesto entre os analistas contra a orientação recente da Sociedade Psicanalítica Alemã. Informado desse estado de espírito, Jones faz, na qualidade de presidente da Associação Psicanalítica Internacional, a defesa pública de Boehm:

---
29 Geoffrey Cocks, *La Psychothérapie sous le IIIe Reich: l'Institut Göring* [1985]. Paris: Les Belles Lettres, 1987, p. 90.
30 Essa correspondência de Reich de 1933 é encontrada em meio a circulares secretas que Fenichel implementará em 1934.

Ouvi opiniões muito severas, expressas no desconhecimento desses fatos, o que basta para provar que fatores irracionais estão em ação. Eu gostaria apenas de acrescentar que o dr. Boehm, antes de tudo, foi pessoalmente encontrar o professor Freud em abril de 1933, para prevenir os conflitos e as críticas que se seguiram; desde o começo, ele me fez, em função de minha posição de presidente, um relato fiel de todos os acontecimentos durante conversas pessoais.

E conclui: "Espero que os serviços prestados pelo dr. Boehm à psicanálise sobrevivam a todas as críticas às quais ele possa estar exposto no momento".[31] Os psicanalistas que estão há muito tempo engajados nos combates políticos ficam perplexos com a nova direção oficial. Durante o congresso, proíbe-se a divulgação do livro de Reich, *Psicanálise de massas do fascismo*.[32] Reich, que se deslocou até lá, não pode fazer seu discurso. Aliás, foi expulso, dessa vez oficialmente, da IPA, e as condições dessa expulsão são particularmente perversas. Em sua hagiografia, Jones indica que Reich se demitiu da IPA. Nada mais falso. Quando Reich chega a Lucerna, em condições difíceis (está sem dinheiro), nada sabe de sua expulsão da sociedade de Berlim. Descobre o que aconteceu ao notar que seu nome não figura na brochura da IPA. Pensando que se tratava de obra do duo ariano (Boehm e Müller-Braunschweig), procura Anna Freud, supondo que ela vai auxiliá-lo. Mas Anna Freud e Jones opõem-lhe um argumento puramente técnico: não sendo membro de uma organização local, e enquanto não for, ele não pode ser membro da Associação Internacional.

---

31 Apud B. Nitzschke, "La Psychanalyse considérée comme une science 'a'-politique", op. cit., p. 174. Aqui retomamos em parte a leitura de Nitzschke.
32 As últimas perspectivas de psicanálise política de Reich tinham sido aclamadas e apoiadas por diversos analistas, inclusive nesses anos 1930. Pode-se encontrar, por exemplo, relatórios de Otto Fenichel, Erich Fromm (1932), Karl Landauer (1934) e Max Horkheimer (1936).

Ora, por baixo do pano, Jones conduziu uma intensa campanha contra Reich e se certificou pessoalmente de que nenhuma associação o receberia.[33] Sua expulsão é um forte sinal: temendo por sua sorte, toda a esquerda freudiana – embora majoritária – se resigna.[34]

Ante a evidente deterioração interna da psicanálise e o fracasso de suas realizações políticas (a derrota do Partido Comunista em 1933 suspendeu a experiência liderada por Reich com a Sexpol), Otto Fenichel decide, a partir de 1934, difundir circulares clandestinas a fim de preservar uma tradição analítica de esquerda:[35] "Reconhecemos com segurança na psicanálise de Freud o germe da psicanálise dialético-materialista do futuro; por essa razão, temos uma necessidade desesperada de proteger e propagar esse saber".[36] Em sentido oposto, Anna Freud, após esse congresso, agradece a Jones por não ter confundido a psicanálise com atividade política...

A tentativa de Jones e de seus acólitos arianos de acomodar a psicanálise ao Terceiro Reich, porém, continuava incompleta. Em 24 de outubro de 1935, Edith Jacobson, analista formada em Berlim, analisada por Otto Fenichel, é detida pela Gestapo, acusada de complô contra o Estado e de alta traição. Ela tinha autorizado membros de um grupo de social-democratas, o qual um de seus pacientes integra,

---

33 Durante seu exílio, ele se junta à Sociedade Psicanalítica da Noruega... cuja candidatura à IPA será recusada: Reich não poderá mais tornar-se membro da Associação. L. R. Rubin, "Wilhelm Reich and Anna Freud", op. cit.

34 Com exceção de Fenichel, que emite algumas objeções formais, todos os analistas próximos de Reich (ou de suas ideias) se calarão. Esse silêncio diante de tal violência acentua a eficácia de sua perversão e sua marca sobre a instituição analítica – que parece perdurar em muitas escolas psicanalíticas, ainda hoje em negação quanto à questão política.

35 Trata-se de uma documentação excepcional sobre o movimento analítico, de mais de 2,5 mil páginas datilografadas ainda não traduzidas para o francês.

36 O. Fenichel, *Rundbrief 1*, mar. 1934, caixa 1, pasta 1, Austen Riggs Library.

a se reunirem em sua casa. Diante dessa situação, os adeptos da nova orientação pela "salvação" não tardam a propor novos requisitos. Uma reunião precipitada da Sociedade Psicanalítica Alemã tem lugar em 30 de novembro de 1935, na presença de Jones. Em vez de fechar a Sociedade e conclamar à resistência, organizando a retirada dos analistas alemães e seu repatriamento em zonas onde o livre exercício da psicanálise ainda é possível, uma nova regra imposta a todos os membros amplia o princípio de "neutralidade política": os analistas são proibidos de tratar um paciente politicamente engajado. Essa regra, na prática impossível de seguir, suscita profundas discórdias entre analistas. Nessa reunião, registrada em dois relatórios,[37] Boehm insiste repetidas vezes em que a psicanálise não é uma *Weltanschauung*. Sempre em nome desse argumento, certos membros consideram a possibilidade de sair da IPA, marcada pelo nome de Freud e de sua judeidade. De acordo com Bernd Nitzschke, Boehm, Müller-Braunschweig e a maioria dos membros "arianos" do comitê, assim como Jones, "aconselham" em definitivo os membros judeus da Sociedade Psicanalítica Alemã a se demitirem. As propostas de psicanalistas como Roellenbleck e Herold, que sugerem dissolver a Sociedade e continuar a praticar na ilegalidade, são todas rejeitadas por Jones. Um único não judeu, Bernhard Kamm, se demite por solidariedade.

A saída de numerosos membros oferece oportunidades a outros. Kemper, psicanalista ariano, logo assume responsabilidades na Sociedade Alemã, tornando-se seu terceiro presidente ao lado de Boehm e Müller-Braunschweig. Esse último, por sua vez, continua em sua campanha de "modernização da psicanálise"; fazendo o elogio do nacional-socialismo, declara em "Psychoanalyse und Deutschtum" [Psicanálise e germanidade] que agora é possível dar à Sociedade Psicanalítica "um rosto realmente alemão", o que antes não era o caso devido à origem "internacional" de seus membros.

---

37 Trata-se da carta de Jones a Anna Freud ("*Ici, la vie continue d'une manière fort surprenante*", op. cit., pp. 114-15) e do relatório de Boehm (ibid., pp. 116-17).

No entanto, os membros da DPG não estão tranquilos. Preocupados com a insuficiência de suas garantias ao regime nazista após o "episódio Jacobson", acabam considerando mais "prudente" abandonar a matriz, ou seja, a IPA, para "salvar" a Sociedade Psicanalítica Alemã, e decidem apresentar um pedido de demissão da sociedade. Precaução inútil, pois a promoção da "estratégia de salvação" e da "psicanálise neutra" é logo coroada de sucesso. Em 1936, a Sociedade Psicanalítica Alemã é incorporada ao "Instituto Alemão de Pesquisa Psicológica e de Psicoterapia", dirigido por Matthias Göring, primo do marechal, "favorável" à psicanálise. Depois da "demissão voluntária" dos judeus, nada mais se opunha a essa anexação. É assim que, "livre dos judeus" e dos "vermelhos", juramentada a Hitler, a Sociedade Psicanalítica Alemã retira seu pedido pela saída da IPA... da qual permanece membro até 1938.

Isso é demais para alguns analistas engajados: John Rittmeister, psicanalista e militante socialista-revolucionário, opõe-se, em vão, à transformação da policlínica de Berlim. Ao mesmo tempo que continua suas atividades ali, entra clandestinamente para a resistência, na qual animará a poderosa rede Orquestra Vermelha.[38] Por sua vez, Müller-Braunschweig, agora tesoureiro da sociedade, não hesita em exigir dos membros judeus forçados ao exílio o reembolso das dívidas de sua formação. Como os pagamentos não chegam, ele se queixa a Jones, que o ajuda a fazer a cobrança.

Herbert Linden, um funcionário e membro do Partido Nazista, que mais tarde vai desenvolver laços profundos com o programa de eutanásia do regime nazista, é quem inicialmente propõe a Matthias Göring, em cooperação com Felix Boehm e Carl Müller-Braunschweig, a ideia de fundar

---

38 Gilles Perrault, *L'Orchestre rouge*. Paris: Fayard, 1967. Cabe notar que Rittmeister escreveu um "diário de prisão" em que a coerência de seu percurso de engajamento – político e psicanalítico – mostra-se, segundo as indicações de Sigg, comparável à de Marie Langer, à qual voltaremos. Bernard W. Sigg, "Psychanalystes debout". *Revue Internationale d'Histoire de la Psychanalyse*. 1992, n. 5, pp. 320-21.

um Instituto de Psicoterapia alemão. Tratava-se de criar um organismo à disposição de todos os ramos da psicoterapia.[39] Jones defendera publicamente a união da Sociedade Psicanalítica Alemã com o Instituto Göring, notadamente na ocasião do congresso de Marienbad, no verão de 1936. Para Jones, essa vinculação era a "garantia para a psicanálise" de "manter sua independência".[40] Freud e sua filha "pensavam que Boehm prestaria um serviço à psicanálise com a criação desse Instituto".[41] Depois da policlínica de Berlim, a Sociedade Alemã logo iria "absorver" a de Viena.

Em 1938, a Áustria é invadida pelo exército alemão. Fenichel comenta a atitude de seus colegas vienenses que, quando da entrada dos nazistas na cidade, se comportaram "como bons burgueses: um curto período de pânico logo deu lugar a uma grande confiança no governo presente".[42] Prosseguindo com sua política de arianização, Carl Müller-Braunschweig tem o projeto de fundar a *Revista Alemã de Psicaná-*

---

39 Régine Lockot, "À propos des changements de noms de l'Association Psychanalytique de Berlin". *La Revue Lacanienne*, n. 1, 2008, p. 28.
40 B. Nitzschke, "La Psychanalyse considérée comme une science 'a'-politique", op. cit., p. 175. Durante uma entrevista em Basileia, Jones narra seu encontro com Matthias Göring, que lhe parecera "muito amável e receptivo". Em um estilo sibilino, que abandona a tragédia da História e seu compromisso pessoal, Jones acrescenta: "mas depois ficou evidente que ele não estava em condições de conceder em toda extensão as liberdades que havia garantido ao grupo psicanalítico". No entanto, já em maio de 1936, *antes* do congresso de Marienbad, Göring, em seu discurso de inauguração do novo Instituto alemão (no qual Jones é citado lado a lado de Hitler), não podia ter sido mais claro: não poderia haver psicoterapia sem *Weltanschauung* nacional-socialista... (E. Jones, *The Life and Work of Sigmund Freud*, v. 3, op. cit., p. 210.)
41 R. Lockot, "À propos des changements de noms de l'Association Psychanalytique de Berlin", op. cit., p. 28.
42 Segundo Russell Jacoby, *The Repression of Psychoanalysis: Otto Fenichel and the Political Freudians*. New York: Basic Books, 1983, p. 100. *A posteriori*, Fenichel reconhecia que Edith Jacobson e ele haviam se enganado e que Reich tinha razão: teria sido preferível pura e simplesmente dissolver a sociedade alemã já no verão de 1933.

lise no solo do Terceiro Reich. Também procura analistas não judeus e alemães para realizar a fusão. Escreve a Sterba, analista vienense da primeira hora que fora formado por Reich:

> Eu gostaria de informá-lo brevemente sobre acontecimentos locais. Depois da demissão dos membros judeus, a Sociedade de Viena foi absorvida pela Sociedade Psicanalítica Alemã. A tarefa consiste em fazer da rua Berggasse, 7, um Instituto que, como o de Berlim, permita que diferentes escolas psicoterapêuticas trabalhem em condições de igualdade. [...] Para tal, precisamos da cooperação e da assistência de alguns membros arianos da Sociedade Psicanalítica de Viena. [...] Como membro da Sociedade Psicanalítica Alemã, você se tornará membro sem qualquer dificuldade, e – se nenhuma razão particular se opuser – será também membro do Instituto alemão e reconhecido como psicoterapeuta na Alemanha – com minhas saudações confraternais – *Heil* Hitler! Dr. Carl Müller-Braunschweig.[43]

Sterba recusa a oferta e decide emigrar com toda a família para a Inglaterra. De lá, escreve a Jones para pedir ajuda. A resposta é ferina: "Você deveria ter ficado em Viena com August Aichhorn em memória da psicanálise, à espera de dias melhores". Sterba, que teve a audácia de contrariar o projeto de "salvação", precisará se virar sozinho.

Até 1938, o Instituto Göring continua vinculado à IPA sem que isso suscite reações. Jones, no Congresso de Paris de 1938, sustenta que a Sociedade Psicanalítica Alemã goza de uma "independência substancial". Mas nesse mesmo ano Göring obtém a dissolução dela, e só então sua representação na IPA também tem fim. Os membros da antiga Sociedade Psicanalítica agora estão integrados à "seção A" do Instituto.

Essa página sombria que vê o colapso da psicanálise alemã *no* e *com* o nazismo, graças ao apoio ativo da IPA, marcaria todo o movimento psicanalítico internacional. Seu principal artífice, Jones, permanecerá presidente da

---

43 Richard Sterba, *Réminiscence d'un psychanalyste viennois*. Toulouse: Privat, 1986, pp. 150-51.

Associação Psicanalítica Internacional durante e depois da guerra. No pós-guerra, embora o psicanalista inglês John Rickman tenha recomendado que nenhum dos analistas ativos nas instituições durante o período nazista seja nomeado para qualquer cargo em uma organização psicanalítica, Jones não está de acordo. Em um discurso de 1949, não hesita em defender a ideia de que Müller-Braunschweig é um dos raros, sob Hitler, a ter permanecido "um autêntico, um verdadeiro analista".[44] Confia-lhe, aliás, a missão de criar um novo grupo de psicanálise, a DPV, Associação Psicanalítica Alemã, que surge em 1950. Nesse meio-tempo, Müller-Braunschweig havia se demitido da presidência da antiga Sociedade Psicanalítica Alemã, reconstituída após a derrota alemã, mas que, dado seu passado recente, dificilmente podia ser vinculada novamente à IPA. Boehm o substituiria na direção. Como escreve Nitzschke, coexistiam, assim, na Alemanha duas sociedades analíticas que reivindicavam ter contribuído para a "salvação da psicanálise".

O esplendor de uma prática psicanalítica revolucionária levará muito tempo para reaparecer na Alemanha e na Áustria.[45] Apesar dos esforços de Aichhorn depois da guerra, é somente em 1999 que o Ambulatorium, a policlínica gratuita de Viena, retomará suas atividades.[46] Por ora, a vitalidade de uma psicanálise política enveredaria por outros caminhos.

---

44 E. Jones, "Discours d'ouverture". *Journal International de Psycho--analyse, Bulletin de l'association internationale de psychanalyse*, n. 30, 178 F, 1949.

45 É verdade que a Escola de Frankfurt conhece uma renovação decisiva após a guerra, mas mais sob os auspícios da teoria crítica e da filosofia (com Adorno, Marcuse etc.) que sob o ângulo de uma prática analítica revolucionária. De fato, seu representante psicanalista, Mitscherlich, que funda em 1960 o Sigmund-Freud-Institut, defende uma prática analítica nas coordenadas políticas do liberalismo... o que lhe valerá uma violenta crítica de Marcuse. Gérard Raulet, *La Philosophie allemande depuis 1945*. Paris: Armand Colin, 2006.

46 Nicolas Gougoulis, "Les centres de consultation psychanalytiques dans leur histoire". *Le Coq Héron*, n. 201, 2010, p. 50.

[4]
MARIE LANGER, DA EUROPA DOS ANOS 1930 À AMÉRICA LATINA DOS ANOS 1970

A resistência de Marie Langer na Viena dos anos 1930

Longe das manobras de Ernest Jones na Alemanha, o percurso de Marie Langer atesta a possibilidade de enveredar por uma via totalmente diversa. A história começa em Viena em 1935. Marie Langer tem 25 anos e acaba de terminar seus estudos em medicina. O austrofascismo está no poder no país e, para muitos de seus contemporâneos, a situação parece desesperadora. Mas Langer quer acreditar na persistência e na vitalidade dos movimentos emancipadores, sobretudo os feministas e comunistas, dos quais faz parte. Estes atuam clandestinamente para manter viva a herança dos anos 1920:

> Na Viena Vermelha dos socialistas, havia uma longa tradição de luta feminista; além do mais, os social-democratas desde sempre acalentaram a convicção de que as mulheres devem decidir sobre seu próprio corpo, o que se traduzira na luta pela legalização do aborto e contra o artigo 144, que o condenava.

Esta era a bandeira das mulheres proletárias do Partido Socialista e, consequentemente, do Comunista.[1]

Como se vê, a hegemonia stalinista paternalista ainda não havia feito estragos no Partido Comunista austríaco. Durante esses anos, para muitos comunistas, a militância revolucionária incluía a luta pela igualdade dos sexos. Em paralelo a sua atividade de psicanalista, Langer colabora clandestinamente como anestesista junto a seu amigo ginecologista Fritz Jensen, também membro do Partido Comunista; eles ajudam no aborto as mulheres que, por razões econômicas ou políticas, não podem fazê-lo em boas condições. Nesses anos 1930, em que o paternalismo e o antissemitismo fascistas ganharam terreno considerável e dominam a cena política, a Viena Vermelha não está morta. Ao lado de outros resistentes, Langer mantém a chama acesa. A revolução bolchevique de 1917, iniciada por mulheres e em grande medida apoiada pelo feminismo do começo do século, constituía para Langer uma bússola segura naqueles tempos de reação.

Psicanalista marxista e feminista, Marie Langer, como Reich, encarna por seu percurso e suas posições a história da psicanálise popular. De modo geral "ausentada" da história oficial, sua trajetória ilumina um dos períodos mais fecundos da psicanálise no século XX, estando repleta de questões e conflitos que marcaram a história da disciplina – ela os relatará várias vezes durante sua vida. O fato de seus trabalhos clínico-políticos ou seu testemunho histórico sobre a psicanálise e seu engajamento revolucionário permanecerem sem tradução na França leva-nos a interrogar sobre o "esquecimento" que continua submetendo esse percurso. Se a figura de Reich ainda é emblemática do período entre o começo dos anos 1920 e o começo dos anos 1930, a de Marie Langer – com quem, pelo que sabemos, nunca teve contato – fornece de alguma maneira um

---

1 Marie Langer, *Memória, história e diálogo psicanalítico* [1983], trad. Attílio Cancian. São Paulo: Traço, 1987, p. 58.

fio vermelho que percorre toda a história da psicanálise. Sua fala, seus questionamentos e suas escolhas diante das necessidades da História revelam muitos aspectos da vertente revolucionária da disciplina, sabiamente ocultada pela ortodoxia.

Os primeiros anos

A infância, a adolescência e a juventude de Marie Langer, nascida em 1910 em Viena, sob o reinado do imperador Francisco José, são contemporâneas de profundas turbulências políticas. Não sem humor, ela caracterizará posteriormente sua relação com a História qualificando-a de "Édipo imperial".[2] A Primeira Guerra Mundial marca para ela uma ruptura: quando tem quatro anos de idade, seu pai é convocado ao front. Nesse momento, talvez decisivo em sua orientação para os cuidados, ela deseja ser enfermeira, pois as enfermeiras são as únicas mulheres autorizadas a ir à guerra – e, como sublinha, constitui, para a criança que ela é à época, um meio de ficar perto do pai. A inscrição sócio-histórica de seu Édipo conhece um novo episódio em 1916, com a morte do imperador Francisco José. Do alto de seus sete anos, ela sente o evento nem mais nem menos como a "morte de Deus". Para a classe social a que pertence, o mundo desmorona: essa família judia da alta burguesia austríaca, ainda que instruída e ateia, tomava o reinado do imperador como imutável e sua pessoa, como "imortal". Era impossível conceber uma ruptura da ordem existente.

Essa irrupção da grande História no mundo fechado da burguesia conservadora levará Langer a se emancipar... em primeiro lugar, do modelo "resignado" encarnado por sua mãe. Esta era leitora de Schopenhauer, cuja misoginia apoiava, mais uma das "mães-esposas, *comme il faut*", que Marie descreve como "frígida" e compara: "As pacientes de

---

2 Ibid., p. 11.

Freud eram como minha mãe".[3] Apesar da relativa liberação cultural[4] que afeta também sua família depois da guerra (a república é proclamada logo após o armistício), sua mãe continua, tal como "Madame Bovary", a sonhar com o grande amor, aquele mesmo que mantém a mulher sob o domínio masculino denunciado por Aleksandra Kollontai. Mas Langer não se engana de inimigo. Se se mostra a tal ponto crítica em relação a sua mãe, é porque vê nela o produto "de uma situação social então inamovível". Nesse sentido, diz ela, "se quero reivindicar a mulher no feminismo é também porque [quero] reivindicar a mulher que havia em minha mãe".[5]

Com o apoio do pai, Marie Langer se inscreve na escola particular Schwarzwald Schule, cuja diretora, *Frau Doktor* Schwarzwald, é uma socialista de costumes liberais. Depois, em Zurique, integra a primeira universidade aberta às mulheres – era impossível para elas seguir estudos superiores na Áustria –, onde também haviam se formado os primeiros revolucionários russos. A maioria de seus professores são "marxistas muito comprometidos politicamente", e a escola segue uma "linha feminista *a priori* e uma linha marxista".[6] Segundo seu próprio relato, Marie Langer receberá ali uma formação decisiva. Prossegue seus estudos em medicina e obtém o diploma em 1935.

Nesse meio-tempo, o antissemitismo ganhou terreno. Na universidade, Langer testemunha espancamentos contra estudantes apontados como judeus, diante dos olhos da polícia, que nada faz. Depois de assistir a um comício de Hitler, decide filiar-se ao Partido Comunista clandestino. A perspectiva revolucionária impõe-se a ela. Esse engajamento permite

---

3   Ibid., pp. 12, 22.
4   Entre outros exemplos dessa liberação, Marie Langer indica que as mulheres não são mais obrigadas a usar espartilho e que seus pais saem para dançar charleston, ou ainda que Magnus Hirschfeld reivindica o "terceiro sexo" para os homossexuais...
5   Ibid., p. 22.
6   Ibid., p. 28.

que conjugue duas lutas: contra a violência do destino social reservado às mulheres e contra a sina imposta aos judeus. Nascer numa família burguesa sob o reinado do imperador não a protegera dessa dupla atribuição: "Embora fôssemos ricos, tinha sempre presentes minhas duas desvantagens: ser judia e ser mulher. E a estas, mais adiante, juntou-se uma terceira: ser divorciada. Por isso, entrar na esquerda pareceu-me a única solução lógica: estava certa de que o comunismo anularia esta marginalização".[7]

A medicina é então amplamente "socializada", e os estudantes recém-formados têm de praticar no hospital durante dois anos, treinando em diversas especialidades. Langer escolhe a psiquiatria e começa uma análise com Richard Sterba, primeiro assalariado da Sociedade Psicanalítica de Viena, a Wiener Vereinigung. Mas num país agora nas mãos dos fascistas, em que o antissemitismo se torna uma política oficial, os médicos não católicos são aos poucos demovidos dos postos da instituição. Langer opta, então, por seguir uma formação psicanalítica, dita didática, para se tornar analista. É assim que ela conhece Anna Freud e integra, no começo dos anos 1930, a Sociedade Psicanalítica de Viena, onde ainda reina certo entusiasmo. Apesar da mudança de rota freudiana em curso – que talvez ainda não esteja clara para todos –, é evidente para Langer e os outros analistas vienenses que a psicanálise tem seu lugar na cidade: "Em Viena, todos estavam de acordo em que a psicanálise devia ser aplicada ao sistema escolar e à educação, como também à elaboração das leis e das reformas do sistema penitenciário".[8] Dentro da instituição, ela segue com a formação e lê toda a obra de Freud, sem por isso abandonar a militância política. Nessa época, para os jovens analistas em formação em Viena, não existe ruptura entre Freud e Marx.

---

7   Ibid., p. 18.
8   Ibid., p. 205.

Sobre a neutralidade impossível

Depois de ser detida por pertencer a um grupo de médicos atuantes pela causa da paz – entre os quais seu futuro segundo marido, Max Langer –, Marie Langer é pressionada pelos analistas vienenses da geração anterior a fazer uma escolha impossível entre a psicanálise e a militância. Edward Bibring, membro eminente da Sociedade Psicanalítica de Viena, ficara sabendo do incidente por uma de suas analisandas, também colega e amiga de Langer. Indignado com o ativismo de Marie Langer – e sem consideração pelo segredo do divã –, ele sugere aos colegas da Sociedade sua expulsão. Marie Langer escapa por pouco dessa sanção, graças à intervenção de Sterba, mas de todo modo é admoestada pelo presidente da Sociedade, Paul Federn.[9]

Na realidade, a nova regra de "abstinência política" mostra-se, na prática, muito distante da suposta neutralidade preconizada. Ela imerge o conjunto dos membros da sociedade analítica em graves conflitos e contradições insolúveis. O próprio Federn, que nesse episódio desempenha o papel do pai autoritário, é conhecido por seu socialismo, e um de seus filhos é ameaçado por pertencer a círculos trotskistas – detido pela Gestapo em 1938, ele será deportado a Buchenwald. Além da geração jovem, a maioria dos grandes nomes da Sociedade também se vê confrontada com uma escolha impossível, sobretudo porque tinham sido os atores da psicanálise freudiana dos anos 1920; haviam construído suas instituições e, se a disciplina adquirira um lugar inédito na maioria das grandes capitais europeias do Leste e do Ocidente, era precisamente graças a seu envolvimento político em prol do progresso social. Desse modo, o "recuo" freudiano, tanto seu pessimismo teórico como essa nova "pragmática" que exigia uma "adaptação" à psicanálise a fim de "salvá-la", revelava-se para eles impraticável.

---

9 Id., "Psicoanálisis y/o revolución social", in M. Langer (org.), *Cuestionamos: documentos de crítica a la ubicación actual del psicoanálisis*. Buenos Aires: Granica, 1971, p. 260.

O testemunho de Langer mostra-se aqui precioso. Os analistas da Sociedade Psicanalítica de Viena não só se viam barrados de exercer uma atividade política tornada ilegal – todos os partidos de oposição passaram a ser proibidos – como também, e mais grave, estavam impedidos de iniciar ou continuar o tratamento de pacientes engajados politicamente. Langer destaca o "conflito ideológico", mas também "ético", decorrente do questionamento das regras do tratamento. Muitos analistas acompanhavam pacientes gravemente doentes, para os quais estava fora de questão interromper o tratamento, por razões evidentes. Do lado do paciente, impedido de falar de suas atividades políticas, é o método da associação livre que se via contrariado.[10] Restavam então ao psicanalista apenas três possibilidades, que para Langer eram impasses: "interromper o tratamento, proibir a atividade política do paciente ou aceitar, numa aliança não explícita, que o paciente continuasse sua atividade [política], sem falar muito dessa questão".[11]

Após sua detenção e o incidente com Bibring, Langer expressa seu medo. Uma verdadeira paranoia tomou conta, justificadamente, do país. A polícia secreta está infiltrada por toda parte, incluindo o meio analítico e, mais ainda, os meios militantes que Langer continua a frequentar e até a estimular. Vimos que na Alemanha Edith Jacobson fora interpelada pela Gestapo pouco tempo antes, suspeita de conluio com os social-democratas. Destacamos que esse fato altamente significativo conduziria à dissolução de toda atividade psicanalítica no país, mas, paradoxalmente, também levaria Jones a decidir (com o aval de Freud) impor na clínica a regra muito mal designada de "abstinência política". Maria Langer comenta a orientação geral a favor da "salvação", que vai muito além da imposição de uma medida de neutralidade aos analistas: "Para salvar os valores da psicanálise, esses mesmos valores eram atacados em sua essên-

---

10 Id., *Memória, história e diálogo psicanalítico*, op. cit., pp. 61-62.
11 Id., "Psicoanálisis y/o revolución social", op. cit., p. 260.

cia".¹² Essa contradição insolúvel arrastará em seu turbilhão a maior parte dos grandes freudianos. Perante o que Langer chama de "miopia política" de Freud, os expoentes se posicionam: alguns, como Jones, assumem essa política e a conduzem a seu termo, outros não hesitam em descartá-la.

Quanto a Marie Langer, ela não comparece à cerimônia dos oitenta anos de Freud e, acertando com Sterba a interrupção de sua análise, decide com seu marido juntar-se às Brigadas Internacionais na Espanha durante o verão de 1936.¹³ Ante a ameaça de um colapso civilizatório na obscuridade fascista, seria, segundo ela, "absurdo render-se sem lutar": "enquanto o mundo está pegando fogo, a gente não pode ficar olhando para o umbigo".¹⁴ Fichada pela polícia, ela nem sequer tem escolha, se quiser continuar a luta. Sua filha Veronica relata a constatação de sua mãe sobre esse período: "A esquerda salvou minha vida. Sem a esquerda, eu teria ficado em Viena e teria sido morta por ser judia".¹⁵

As Brigadas Internacionais na Espanha

A chegada de Marie Langer à Espanha se faz em clima de júbilo: "Nunca vi antes, nem depois, uma cidade tão alegre, tão cheia de música e entusiasmo, tão agitada como a Barcelona de então. [...] A *rambla* parecia em festa".¹⁶ O povo comemora sua vitória, todos os habitantes estão mobiliza-

---

12 Id., "El analizando del año 2000". *Revista de Psicoanálisis*, v. 25, n. 3/4, 2000, p. 629.
13 Ao contrário do que diz Geneviève Morel, a questão não são as "contradições de Langer", mas as da instituição analítica e de sua suposta neutralidade. Geneviève Morel, "Marie Langer: les contradictions d'une psychanalyste au xxe siècle", in Susana Elkin e Martin Reca (orgs.), *Marie Langer: une psychanalyste féministe en Argentine*. Paris: L'Harmattan, 2017.
14 M. Langer, *Memória, história e diálogo psicanalítico*, op. cit., p. 63.
15 Veronica Langer, "Marie Langer et le prince charmant", in S. Elkin e M. Reca, *Marie Langer*, op. cit., p. 33.
16 M. Langer, *Memória, história e diálogo psicanalítico*, op. cit., p. 66.

dos em uma espécie de fervor revolucionário. As descrições de Langer confluem com as de Orwell, que evoca ruas onde tremulam bandeiras vermelhas e pretas, e destaca o engajamento entusiasta de uma população libertada, orgulhosa de ter reencontrado sua dignidade. François Tosquelles – ao qual voltaremos no próximo capítulo –, psicanalista catalão e ator da revolução no Poum (Partido Operário de Unificação Marxista), também notará a semelhança entre Barcelona nessa época e a Viena Vermelha nos tempos de sua efervescência revolucionária.

O engajamento de Langer toma um novo fôlego na Catalunha. Como mulher, ela diz estar totalmente à vontade. Constata que "na esquerda da Espanha de então, as mulheres participavam do poder de decisão". Conhece Dolores Ibárruri – *La Pasionaria* –, "a autoridade máxima do Partido Comunista Espanhol", assim como uma figura muito importante do partido anarquista, Federica Montseny.[17] No front, em Aragão, Langer fica fascinada pelo clima político. O território é controlado pelos anarquistas. Quando vai aos povoados, encontra o mesmo entusiasmo, a mesma alegria e a mesma generosidade que em Barcelona, a tal ponto que essa experiência lhe parece "irreal". A euforia política reinante, a experiência da igualdade entre homens e mulheres, a abolição do capitalismo posta em prática em um grau até então inédito e a possibilidade de expressar suas convicções políticas sem ter de se esconder a marcarão para sempre. Durante esses anos de guerrilha, com seu marido e outros colegas, ela aprende muito sobre cirurgia de guerra. Seu pequeno grupo realiza cirurgias pavorosas nos feridos do front. No hospital de Múrcia onde trabalha, o ambiente é internacionalista: ali se encontram "dois cirurgiões norte-americanos, pai e filho; nossa chefe de enfermeiras, holandesa; o diretor do hospital, búlgaro, e muitos outros".[18] O idioma das Brigadas é o francês.

---

17 Ibid., p. 68.
18 Ibid., p. 72.

Na falta de recursos para realizar próteses adequadas nos amputados, ela e seu marido tentarão angariar dinheiro em Paris para comprar o material ortopédico, que faz uma falta cruel. Mas, para os clandestinos espanhóis que atravessam os Pirineus, encontrar dinheiro não é nada fácil, sobretudo porque, vista da França, a situação espanhola parece sem saída. A Frente Popular francesa e a Inglaterra se atêm ao pacto de "não intervenção". Enquanto aguardam notícias de seu contato em Paris, o casal se refugia em Nice, onde Marie Langer viverá o pior período de sua vida: perde uma filha, uma menina nascida prematura, e mergulha na depressão. Em 1938, surpreendido pela *Anschluss*,[19] que impossibilita qualquer possibilidade de retorno a Viena e empurra a Europa para a beira da guerra, o casal se exila: primeiro no Uruguai, depois na Argentina, em 1942. É lá que Langer finalmente encontra asilo e reata com a psicanálise: participa já em 1942 da fundação da Associação Psicanalítica Argentina (APA), afiliada à IPA presidida por Jones – mas isso lhe custará o silenciamento de sua militância.

Sobre a autocensura necessária na Associação Psicanalítica

Ao chegar à Argentina, Langer precisa refazer sua vida e encara todo tipo de prova. A situação política não é favorável. Entre 1946 e 1955, Juan Perón está no poder, a militância de extrema esquerda é impossível. Convém então permanecer "calma, imóvel, para que a jovem APA não seja posta em risco". Escaldada por sua experiência com a Sociedade Psicanalítica de Viena, Langer se obriga a separar sua atividade de analista de seus vínculos com a esquerda: "Durante várias décadas", ela centra sua

---

19 *Anschluss*: em alemão, "conexão", "anexação", "adesão". Neste caso, refere-se à anexação político-militar da Áustria pela Alemanha em 1938. [N. T.]

"devoção" e sua "fidelidade não na política, mas em uma 'militância' institucional-analítica".[20] Envolve-se na APA e escreve muito – entre outros textos, *Maternidade e sexo*. Esse livro constantemente revisto traz, aliás, os estigmas das concessões decorrentes de sua ruptura com a atividade política. Nele, Langer é obrigada a adaptar suas convicções, se não a traí-las. Entre a primeira e a segunda edição, seu editor pede, por exemplo, que retire as passagens que estabelecem uma perspectiva marxista, o que ela aceita: "Autocensurei-me", ela confidencia. Esse contexto tão particular também explica seu posicionamento teórico a favor de certo "padrão teórico kleiniano" que consistia em naturalizar o lugar da mulher. Langer reconhece que o falocentrismo freudiano não a satisfaz e a impede de "encontrar [s]eus pacientes"; sem ser feminista nem revolucionária, a perspectiva de Klein parece ao menos fazer valer a especificidade da psicologia feminina.[21] Além do mais, a APA em seu conjunto é de orientação kleiniana, o que não deixa de ter consequências dogmáticas.[22] O exílio e a precariedade engendrados por ele tornam Langer particularmente dependente da Associação. Mulher, emigrada, mãe de quatro crianças, ela tem "que se calar" para sobreviver:

> Cheguei à Argentina com uma formação precária, praticamente sem recursos econômicos [...]. Enquanto não pude revalidar meu título, o que ocorreu muito depois de nossa chegada a Buenos Aires, tive que me calar muitas vezes. [...] Bem que gostaria que em algum momento falássemos do que significam as consequências do exílio; eu era cidadã de segunda categoria.[23]

Assim, por vezes, como ela própria admitiu, teve de fazer interpretações retrógradas com seus pacientes, particular-

---
20 Id., "Psicoanálisis y/o revolución social", op. cit., p. 79.
21 Id., *Memória, história e diálogo psicanalítico*, op. cit., p. 84.
22 Para dar uma ideia disso, poderíamos evocar certas escolas lacanianas francesas contemporâneas.
23 M. Langer, *Memória, história e diálogo psicanalítico*, op. cit., p. 84.

mente as mulheres. Langer tenta então trocar seu fervor político pela pureza da militância analítica, cedendo à ideologia – que ela não hesita em qualificar, em referência ao texto de Freud, de verdadeira *Weltanschauung* típica das instituições analíticas – até que, ao encontrar uma estabilidade social, possa pouco a pouco resgatar sua "combatividade".

O despertar político

Encontramos uma primeira indicação do retorno de Marie Langer a uma articulação clínico-política em seu livro *Psicoterapia de grupo*, coescrito em 1956 com dois outros psicanalistas e médicos, Emilio Rodrigué e León Grinberg. Considerando a contratransferência como instrumento terapêutico decisivo, os autores orientam o kleinismo para a terapia de grupo; esta permite aplicar a psicanálise às classes desfavorecidas, especialmente nos hospitais, conforme a vontade freudiana de uma psicanálise acessível à maioria. Mas Langer terá de esperar mais de uma década para renegar abertamente os preconceitos que ela mesma havia mobilizado em nome da pretensa neutralidade da psicanálise e de sua clínica, a fim de ser reconhecida como membro efetivo da IPA. Mais uma vez, são os acontecimentos históricos que a levam a realizar essa corajosa autocrítica. É no reencontro, em plena década de 1960, com as brasas ainda incandescentes de sua experiência espanhola – a qual confidencia à filha Veronica ser seu "paraíso perdido" –[24] que efetivamente resgatará seu engajamento inicial.

Em 1966, no contexto da campanha contra a guerra do Vietnã, sua filha a convida para participar de uma comemoração do combate das Brigadas Internacionais na Espanha. Langer comenta: "Pensei que era o retorno; pensei que voltava praticamente ao lugar que tinha deixado. Pensei durante a noite. No dia seguinte, aceitei o convite. [...]

---

24 V. Langer, "Marie Langer et le prince charmant", op. cit., p. 34.

essa decisão marcou o começo de minha volta à política".[25] Convocada pelo próprio passado, como Antígona, para ela não há mais como abrir mão de seu desejo. Aqui esclarece-se a autocrítica que ela fará sobre seus livros *Psicoterapia de grupo* e *Maternidade e sexo*. Do primeiro, ela renega a perspectiva ingênua de que a "cura" visada pelo analista não tinha relação com a ideologia do analista (voltaremos à questão). Quanto ao segundo, ela admite, após sua viagem a Cuba em 1973, ter sucumbido à "idealização da maternidade". Subscrevendo à crítica pertinente que a psicanalista feminista Juliet Mitchell lhe havia dirigido, ela reconhece seus antigos preconceitos: "Eu estava – como outros psicanalistas – convencida [...] da importância fundamental de uma intensa relação mãe-filho para a saúde mental de ambos. Mas [...] será tão prejudicial o fato de que, nos países socialistas, muitas crianças são criadas, desde sua segunda semana de vida, em creches? Penso que não".[26] Ela pondera que na época era preciso "pagar o prazer feminino com a maternidade". Essa autocrítica lúcida não pode ser compreendida fora do contexto do fim dos anos 1960 em Buenos Aires – que não deixa de lembrar a Viena dos anos 1920 ou a Barcelona de 1936 – e de seus desdobramentos.

Na Argentina, a nova geração de analistas, psiquiatras e psicólogos do pós-guerra se formou no marxismo. Um grande número deles trabalha na psiquiatria e deseja transformar as estruturas dos manicômios. A Federação Argentina de Psiquiatria (FAP), presidida agora por Emilio Rodrigué – também um analista eminente da APA –, se engaja nessa mesma direção. Desde o golpe de Estado militar de 1966, os analistas são impelidos a se posicionar. Até a própria APA parece apoiar o movimento de contestação social: faz uma declaração oficial a favor dos movimentos jovens insurgentes em que denuncia o Estado e a repressão em

---

25 M. Langer, *Memória, história e diálogo psicanalítico*, op. cit., p. 89.
26 Id., "La mujer: sus limitaciones, y potencialidades", in M. Langer (org.), *Cuestionamos*, v. 1-2. Buenos Aires: Búsqueda, 1987, p. 200.

curso.²⁷ Aparentemente, vários de seus membros influentes (entre os quais Langer) estão na base dessa declaração: para eles, não há como repetir a escolha impossível imposta aos analistas da IPA nos anos 1930. Não é verdade que o analista possa ser neutro, sobretudo em tal conjuntura!

Na mesma época, em escala internacional, um movimento de analistas que se desenvolveu na Suíça e na Itália começa a articular uma crítica da IPA, atacando tanto seus modos de formação e organização piramidais como sua ideologia burguesa e conservadora. Como relata Armando Bauleo, representante argentino da associação, são Berthold Rothschild, membro do seminário psicanalítico de Zurique, e Elvio Fachinelli, do Grupo Milanês pelo Desenvolvimento da Psicoterapia, que lançam o movimento, no contexto do Congresso de Roma da IPA. Batizado de Plataforma Internacional, logo reunirá analistas de dezesseis nacionalidades.²⁸ Esse processo será precipitado com a escalada da violência e do terror de Estado na Argentina, que conduzirão em 1969 à repressão do Cordobazo, uma rebelião popular que reúne operários e estudantes: a corrente política da APA à qual Langer pertence afilia-se à Plataforma, permitindo assim que seus membros politizem abertamente a associação. Naturalmente, a direção da APA reage de forma muito negativa a essas manifestações de engajamento político, lembrando a "necessária neutralidade da psicanálise".²⁹ A ruptura é por fim consumada em 1971, quando a direção se recusa a publicar o texto da conferência que Langer havia proferido em Viena no mesmo ano, em que ela afirmava que não renunciaria nem a Marx nem a Freud. A corrente política se desvincula coletivamente da APA e, portanto, da IPA.

---

27 Álvarez del Castillo, *Izquierda freudiana – Plataforma Internacional: materiales para un archivo histórico*. Monterrey: Carta Psicanalítica, 2012, p. 141.
28 Ibid., p. 16.
29 Enrique Guinsberg, "Marx y Freud, delincuentes ideológicos". *Cuadernos de Marcha*, n. 2, pp. 73-81, 1979.

Mas, embora a repressão mortífera do Cordobazo lembrasse a da revolta de Viena em 1927 e sua denúncia por Reich,[30] seguida de sua expulsão, essa cisão teve na Argentina efeitos simetricamente opostos. Em primeiro lugar, além de ver uma parte não desprezível de seus membros efetivos abandonar a associação – entre os quais os mais brilhantes –, a APA perdia o monopólio da formação analítica. Em segundo, esse abalo teve repercussões profundas em sua organização: acesso dos membros titulares à categoria de docentes mediante simples solicitação, direito de voto dos membros associados nas assembleias, abertura a psicólogos não médicos etc. Por fim, e sobretudo, marcava o nascimento, na Argentina, de uma nova corrente analítica, engajada politicamente com os trabalhadores – especialmente por meio dos Centros de Docência e Investigação (CDI)[31] – sob o nome de Plataforma Argentina.[32] Essa cisão política, aliás, encontraria um eco importante na sociedade civil e no mundo intelectual. A revista *Los Libros* [Os Livros] observa então, com clarividência: "O conflito que abala a instituição psicanalítica argentina há alguns meses surge como revelador de uma situação global que diz respeito a todos nós, porque os problemas aí revelados estão ligados ao futuro da cultura, ou seja, ao futuro político de todo o país".[33]

Plataforma Argentina e novas práxis psicanalíticas

A corrente dissidente Plataforma Argentina permite questionar abertamente a ideologia de classe que se esconde

---

30 M. Langer, "Psicoanálisis y/o revolución social", op. cit., p. 15.
31 O CDI visa formar os trabalhadores da saúde mental na psicanálise e "no contexto de uma sociedade dividida em classes".
32 É preciso também mencionar o movimento Documento, dirigido por Fernando Ulloa e concomitante à Plataforma Argentina, o qual compartilha, no essencial, sua linha crítica à APA, assim como sua orientação política.
33 "En este número". *Los Libros*, n. 25, 1972, p. 2.

por trás da suposta neutralidade da instituição analítica, bem como a hipocrisia de seus privilégios – entre os quais o monopólio, pelos médicos, do estatuto de analista. Sua carta fundadora, cuja redação final cabe a Emilio Rodrigué, não faz mistério de sua orientação política, enfim assumida. Dirige-se diretamente aos "trabalhadores da saúde", com os quais os psicanalistas signatários se identificam. O caráter decididamente profano da psicanálise, bem como seu necessário engajamento na cidade – verdadeiros tabus para a APA e seu *establishment* –, são reivindicados de saída:

> Nós, signatários, psicanalistas que constituímos o grupo Plataforma Argentina, integrantes do movimento Plataforma Internacional, decidimos publicamente, por meio desta, nos separar da Associação Psicanalítica Internacional e de sua filial argentina. [...] Sabemos que essa escolha nos transcende como psicanalistas e como pessoas, e se reveste de uma significação muito mais ampla, que ultrapassa o contexto da vida científica e institucional. Para explicar as motivações e as proposições que nos animam, dirigimo-nos aos trabalhadores da saúde mental incluindo-nos entre eles, como seus colegas. Com esta declaração [...] aspiramos a dar a todos os setores uma imagem clara de nossa identidade.[34]

A isso se segue uma crítica radical da organização analítica que em muitos aspectos continua sendo de uma atualidade candente. A ideologia da organização analítica, elaborada supostamente em "defesa" da psicanálise, acabou por "paralisá-la" e torná-la "estéril" de um ponto de vista científico. Permitiu os "pactos" antinaturais entre "ciência e sistema ideológico da classe dominante" que marcaram a Associação Psicanalítica Argentina e mantiveram diversos aspirantes à análise confinados aos escalões inferiores, "sem poder participar da organização". Como a sociedade capitalista, a

---

34 Á. del Castillo, *Izquierda freudiana*, op. cit., p. 142. [N.E.: Para ler a declaração na íntegra, cf. Plataforma Argentina, "Declaración del grupo Plataforma", 1971. Disponível on-line.]

instituição se erigiu sobre privilégios econômicos e sobre o domínio de uma minoria "no topo da pirâmide". A consequência é que o analista se "encastela"[35] em sua escola e se "aparta da realidade social", o que resulta em "uma forma de santuarização da figura do psicanalista". Desse modo, ele pode visar, ao menos de modo imaginário, a uma "atividade profissional apolítica e associal": sua posição social dominante é racionalizada pelo critério de "neutralidade dos juízos de valor". Embora tida como garantia científica da análise, a neutralidade integra, portanto, uma concepção histórico-política "utópica" em que "toda mudança social é encarada como ilusão", ilusão resguardada pela "ética da psicanálise" e por seu "profissionalismo".

Durante o período ditatorial iniciado por Juan Carlos Onganía (1966-1973), as pretensões burguesas que formavam a instituição mostraram-se indefensáveis para a Plataforma. Para a psicanálise sobreviver sem trair sua trajetória, o momento político exigia que ela rompesse com uma instituição que estava corrompida em todos os níveis. Era preciso se juntar à luta popular para participar da obra transformadora revolucionária:

> Estamos a nos tornar e a fazer outros psicanalistas, unindo-nos com todos aqueles que desejam colaborar nesse sentido. Queremos praticar uma psicanálise verdadeira. É uma decisão que nos implica no trabalho e ao mesmo tempo o denuncia: juntamo-nos a outros cientistas e profissionais que compreendem que a ciência deles não pode e não deve construir um muro que a isole e afaste da realidade social ou de seu próprio instrumental teórico, transformando-a assim em um instrumento mistificante e mistificado a serviço da não mudança. Para nós, a partir de hoje, a psicanálise não é mais a instituição psicanalítica oficial. A psicanálise estará onde os psicana-

---

35 Como observa Lucia Bley, "a palavra exata empregada é '*encastillar*', que significa literalmente reunir pessoas em um castelo (*castillo*)". Lucia Bley, "Marie Langer ou l'impossible neutralité de l'analyste". *Topiques*, n. 140, v. 3, 2017, p. 142.

listas estiverem, [...] não mais um campo científico isolado e isolante, mas uma ciência engajada em realidades múltiplas, que ela pretende estudar e transformar.³⁶

Eduardo Pavlovsky e Gregorio Baremblitt, psicanalistas envolvidos no movimento, descrevem os fecundos estado de espírito e engajamento dos dissidentes:

> Tínhamos ocupado todos os espaços disponíveis. [...] Politizávamos as lutas [das corporações] superando as discriminações e os velhos preconceitos absurdos entre psiquiatras, psicólogos e psicopedagogos. [...] A coordenação dos trabalhadores da saúde mental e o centro de ensino e pesquisa em que nos encontrávamos ofereciam, por um custo modesto, formação psicanalítica para todos, sob um ângulo novo e marxista. Durante a ditadura, lutamos juntos com o Fórum pelos Direitos Humanos, com a Comissão das Famílias de Prisioneiros Políticos, Estudantes e Sindicalistas (Cofappeg) e com o Sindicato dos Advogados contra a Tortura e pela Libertação dos Prisioneiros. Juntamo-nos à luta operária. Participávamos de suas manifestações. [...] Cada um participava [...] da luta pelo fim da ditadura, tendo por objetivo eleições livres e o estabelecimento de um governo popular e anti-imperialista.³⁷

Enquanto a APA teria um destino duvidoso, que lembrava a calamitosa "salvação da psicanálise" e a "adaptação" ao nazismo da policlínica de Berlim, a nova orientação revolucionária dada à psicanálise pela Plataforma se revelava rica de ensinamentos. Langer conta: "Fizemos alguns avanços concretos no terreno – tão debatido – das relações recíprocas entre marxismo e psicanálise, outorgando à prática a primazia que lhe concedem Marx, Gramsci ou Mao".³⁸ Ela evoca em especial sua experiência clínica no hospital de Avellaneda em 1970, onde foi parcialmente "bem-sucedida

---

36 Á. del Castillo, *Izquierda freudiana*, op. cit., p. 149.
37 Ibid., pp. 50-51.
38 Ibid.

uma práxis preciosa, a saber, a integração de marxismo e psicanálise na prática". Para Langer e seus camaradas psicanalistas, é uma questão de reintroduzir na avaliação do tratamento uma perspectiva da realidade social de classe. A sua maneira, eles reatavam com os analistas dos anos 1920.

Nova clínica psicanalítica em Avellaneda

A concepção do tratamento por Langer lembra, efetivamente, certos aspectos da técnica analítica elaborada por Reich nos anos 1920. Como ele, Langer constata que nas classes trabalhadoras a miséria psíquica está intimamente ligada à condição social, com a qual tende a se confundir. E sua clínica a leva a constatar, como Reich, que as mulheres pobres são as mais afetadas. Também conclui – que é igualmente o primeiro requisito técnico elementar dessa orientação – que não se pode praticar a análise sem levar em conta "a situação sócio/econômico/cultural" dos pacientes: "por exemplo, não se pode pedir a uma dona de casa que abandone o lar, gaste em transporte, recorra à vizinha para que cuide de seus filhos e que peça ao esposo que prepare a comida com muita frequência e durante muito tempo". Partindo das mesmas premissas que Reich, Langer, no entanto, desenvolve uma técnica original de tratamento. Recordando sua experiência em Avellaneda, ela explica:

> Diante de um paciente operário diria que junto com a consciência de seu conflito psíquico deveria adquirir também consciência de classe. E não se trataria, como meta de saúde mental, do caso de que trabalhe mais e melhor para seu patrão, mas para seus próprios interesses, por exemplo, para seu sindicato. Uma mulher, além de sua pertença de classe – ali é válido o que foi dito para o operário –, deveria conseguir conscientizar-se de sua sujeição ao homem, de sua dependência exagerada do amor, expressão de sua falta de autoestima e uma meta importante de sua análise seria adquirir digni-

dade. Em termos gerais, acrescentaria ao conceito de cura o que Freud postula quando fala da necessidade de transformar uma atitude autoplástica em aloplástica ou [...] conseguir uma adaptação ativa ao mundo. Combina com o conceito de Marx de que estamos no mundo para modificá-lo.[39]

Como em Reich, trata-se de articular a análise em dois níveis, psíquico e social, e de expor o entrelaçamento deles para permitir ao sujeito que saia de seu impasse subjetivo e material, transformando-a. Mas, enquanto Reich se lança em uma ação profilática de grande escala e uma politização da questão sexual, Langer busca redefinir a meta e a forma do tratamento.

Em primeiro lugar, o sucesso do tratamento deve ser avaliado à luz da transformação verdadeira do sujeito, o que implica também a melhora de sua condição social. Nesse ponto, Langer concorda em parte com Reich na crítica de uma abordagem técnica que se ateria à melhora dos sintomas. Para ela, o analista deve ir além, trabalhando, no âmbito do tratamento, para diminuir os sentimentos de culpa que contribuem para manter o paciente em sua condição:

> Além de conseguir melhorias sintomáticas, nossa meta consistia em ajudar nossos pacientes a perder, ou a pelo menos diminuir, preconceitos sexuais e sociais e libertar-se relativamente da ideologia da classe dominante. Visávamos também descobertas súbitas com o enfraquecimento da repressão e dos sentimentos de culpa inconscientes. Estes últimos originavam-se com frequência da convicção de serem os únicos responsáveis por seus fracassos. Procurávamos ajudá-los a poder discriminar entre a própria responsabilidade por sua história, pela de sua família e da sociedade. Pretendíamos que pudessem adquirir consciência e uma visão diferente de si mesmos e do mundo, e compreender como tinham sido condicionados para ocupar o lugar que a sociedade lhes adjudicava e tomar

---

39 M. Langer, *Memória, história e diálogo psicanalítico*, op. cit., pp. 192, 174-75.

decisões que ofereciam uma saída para a sua situação (muitos começaram a estudar, alguns a interessar-se ativamente no processo social).[40]

Em outras palavras, a elaboração da história individual por meio da transferência deve ser acompanhada da conscientização, pelo sujeito, dos determinismos sociais que o estruturaram, mas também da elaboração singular que lhe dará os meios de transformar seu destino de dominado. A cura analítica adquire aqui uma dimensão materialista.

Para levar a cabo esse novo objetivo, Langer questiona a forma clássica do tratamento. O caminho de tratamento do sujeito proletário acometido de neurose é efetivamente mais complicado, em consequência de sua situação social. Para o analista, não se trata apenas de ajudá-lo a desenvolver um *insight* – uma capacidade de interpretar seu mundo interior – nem de levá-lo a aguçar sua consciência da opressão a que é submetido. De resto, tais objetivos só são verdadeiramente alcançáveis se e somente se, ao mesmo tempo, o analista puder contribuir para a transformação concreta da condição social isolada de seu paciente. Por essa razão, Langer e seus colegas decidem "coletivizar", por assim dizer, o tratamento mediante sessões de grupo. Estas terão uma função-chave na instauração de um vínculo social novo, capaz de realizar as mudanças visadas:

> Mas, para que se consiga isto e para que a pessoa, que precisar de ajuda terapêutica num momento, possa depois continuar sem terapia, deverá ter adquirido não somente *insight* dos problemas psicológicos que o levaram à doença, mas também os instrumentos necessários para entender como a sociedade e o lugar que nela ocupa condicionaram sua própria vida. E tampouco esta tomada de consciência será operativa se não conseguir simultaneamente sair do seu isolamento e adquirir vínculos solidários, além de seu pequeno mundo privado. Esse

---

40 Ibid., p. 193.

processo foi especialmente importante para as donas de casa de classe operária que constituíam mais ou menos um terço de nossos pacientes e que costumam viver num isolamento total. Pudemos observar como o processo terapêutico dos grupos evoluía à medida que surgia e consolidava-se a solidariedade entre os integrantes do grupo, não obstante as rivalidades, tensões e ambivalências existentes. Nos grupos contrapusemos a solidariedade à competição doentia do sistema.[41]

Para Langer, um tratamento eficaz não poderia ser individual: a assimetria entre o espaço social em que o tratamento clássico se desdobra e a vida cotidiana e comum do paciente é tal que corre o risco de impedir todo processo terapêutico. Levar em conta as vicissitudes comuns de seus pacientes – pensemos na dona de casa que não pode abandonar seu lar – é necessário, mas não suficiente. Convém também transformar o tratamento e, com isso, modificar as relações sociais em um sentido mais favorável ao paciente. O tratamento grupal constitui *hic et nunc* um primeiro instrumento dessa modificação. Organiza a experiência de uma solidariedade entre seus membros que rompe com a competição habitual, oferecendo ao sujeito outra base subjetiva e coletiva para buscar os meios de mudar seu destino social.

Perseguição política e a "neutralidade" da psicanálise

Em 1974, Marie Langer é obrigada a interromper subitamente sua atividade e retomar o caminho do exílio depois de publicar uma carta denunciando as atividades de Amílcar Lobo Moreira, um analista brasileiro que, durante a ditadura civil-militar brasileira, participara da tortura em seu país.[42] Por ironia da História, este tinha se formado na escola de psicanálise do Brasil cujo fundador, Kemper, era

---
41 Ibid., pp. 192-93.
42 M. Langer, "La mujer", op. cit., p. 151.

um antigo membro do Instituto Göring. A "adaptação" da psicanálise aos piores regimes, portanto, continuava no tempo e ultrapassava fronteiras. Importada ao Brasil por Kemper, a matriz dos anos 1930 logo se atualizaria e reencontraria sua potência funesta na Argentina. Mais uma vez, a História alcançava Marie Langer.

Pouco tempo após a publicação dessa carta, ela é advertida por uma de suas analisandas de que seu nome figura na lista "Triplo A" estabelecida pelos esquadrões da morte da Aliança Anticomunista Argentina. Sua vida está em risco. Desde 1973, grupos paramilitares, dirigidos pelo "Ministério do Bem-Estar Social" do governo Perón, procuram liquidar toda oposição política. Alguns analistas são detidos em plena sessão, diante de seus pacientes. Outros são sequestrados ou presos por ter recebido opositores para tratamento. A instituição do psicanalismo, mais uma vez sob a bandeira da "neutralidade", firma um sólido compromisso com os piores poderes: a Associação Psicanalítica Internacional acobertou Moreira – pondo em risco de morte a analisanda de Langer que a havia advertido[43] –, enquanto a Associação Psicanalítica Argentina prosseguiu suas atividades nesse período e ao longo de todo o "Processo", a ditadura civil-militar que vai de 1976 a 1983, como se nada estivesse acontecendo, a ponto de receber o apoio financeiro dos militares. A versão paternalista e familista do psicanalismo defendida pela APA fornecia aos generais uma preciosa salvaguarda ideológica para sustentar sua propaganda e refundar a sociedade com base em "valores saudáveis". Aquelas mesmas pessoas que se diziam a favor da neutralidade política da psicanálise apresentavam, por meio do absurdo, uma nova prova, trágica, de sua impossibilidade.

Mas se a instituição do psicanalismo persistia na negação mortífera da própria relação com a História – balbuciando a orientação "adaptativa" dos anos 1930 –, Marie

---

43 Helena Besserman Vianna, *Não conte a ninguém: contribuição à história das Sociedades Psicanalíticas do Rio de Janeiro*. Rio de Janeiro: Imago, 1994.

Langer, como muitos outros, continuaria seu engajamento clínico-político revolucionário até o fim da vida, da Nicarágua (especialmente com os sandinistas) a Cuba. A História se repetia: dessa vez, toda uma geração de analistas conseguiu assumir e demonstrar aberta e coletivamente, nas ações – por vezes sob risco de vida –, o que está em jogo na luta por uma psicanálise popular. Recuperando, para além do revisionismo, a perspectiva politizada dos freudianos dos anos 1920, a via da autêntica psicanálise foi retomada na América Latina.

[5] DA COMUNA CATALÃ À CLÍNICA DE LA BORDE

Tosquelles e a Catalunha dos anos 1930

Em 1931, enquanto o tempo fecha em outros lugares na Europa, a república é proclamada em Barcelona, depois na Espanha inteira. O levante nacionalista de Franco, porém, logo mergulha o país na guerra civil. Em 1936, as Brigadas Internacionais são constituídas e combatentes afluem de todo o continente para apoiar a república espanhola. Durante alguns anos, a Catalunha, em plena revolução, torna-se um ponto de convergência da luta internacional proletária. Forçados a sair de Berlim e dos países da Europa central desde o começo dos anos 1930, inúmeros psicanalistas envolvidos com a esquerda instalam-se em Barcelona. François Tosquelles, psiquiatra e psicanalista catalão, conta: "Esqueceram essa pequena Viena que foi Barcelona entre 1931 e 1936. Presto aqui homenagem ao professor Mira e a esse conjunto de psiquiatras e psicanalistas das mais diversas escolas que as angústias paranoicas encarnadas pelo nazismo levaram a essa cidade: Sándor Eiminder, Landsberg, Strauss, Brachfeld e outros".[1]

O próprio Tosquelles foi formado por um deles, Sándor Eiminder, judeu húngaro emigrado, aluno de Ferenczi e companheiro de August Aichhorn em Viena. Aichhorn e seu colega psicanalista Siegfried Bernfeld haviam revolucionado o olhar sobre a delinquência juvenil ao considerar o caráter antissocial dos jovens como sintoma a ser tratado na análise, e não objeto de punição penal. É por meio desses homens que as ideias dos psicanalistas vienenses se implantarão em Barcelona. A emulação política, intelectual e cultural que reina então na cidade forma um terreno tão favorável quanto o da Áustria da década de 1920. Na Espanha, o sindicato anarquista é majoritário; Pablo Casals se apresenta em "concertos operários"; muitos intelectuais apoiam a revolução em curso, como Orwell, que assim descreve a capital catalã:

> Barcelona tinha um aspecto assombroso e arrebatador. Pela primeira vez eu me via numa cidade onde a classe trabalhadora assumira as rédeas. [...] Todas as lojas e todos os cafés exibiam um aviso dizendo que tinham sido coletivizados; até mesmo os engraxates tinham sido coletivizados e as suas caixas, pintadas de vermelho e de preto. [...] Tudo isso era curioso e comovente [...]. Acima de tudo, havia uma crença na revolução e no futuro, a sensação de adentrar de súbito uma era de igualdade e de liberdade. Os seres humanos procuravam se comportar como seres humanos, e não como engrenagens na máquina capitalista.[2]

A psicanálise encontra na Catalunha um novo núcleo favorável a sua expansão e sua necessária liberdade de exercício.

---

1 François Tosquelles, "Une Politique de la folie". *Chimères*, n. 13, p. 70, 1991. O texto apresentado em *Chimères* deu origem ao filme *Tosquelles, une politique de la folie*, dirigido e comentado por François Pain, Danièle Sivadon e Jean-Claude Polack, e distribuído em 1990.
2 George Orwell, *Homenagem à Catalunha* [1938], trad. Claudio Alves Marcondes. São Paulo: Companhia das Letras, 2021, pp. 13-14.

Tosquelles se tornará seu representante eminente, traçando-lhe outros caminhos que não o da "adaptação" promovida por Jones na Alemanha. Paradoxalmente, o contexto da guerra contribui enormemente para as inovações técnicas que ele desenvolverá e confere especificidade a sua trajetória: médico em um período de guerra, Tosquelles tem de organizar a sobrevivência dos doentes sob seus cuidados. Por isso, não se interessa *a princípio* pelo estatuto do tratamento (que, aliás, é impossível implementar em tempos de guerra), mas pela ação terapêutica que pode ser conduzida no meio social. Seu questionamento é desde sempre coletivo e político. Para o médico, não se trata apenas de fazer terapia *no* meio em que estão os pacientes, mas de participar ativamente de uma ferrenha interrogação desse meio, questionando, por exemplo, a segregação sofrida por esses pacientes. Desse ponto de vista, as próprias condições políticas da comuna catalã – voltaremos à questão – possibilitam a ação de Tosquelles e adotam-na como modelo terapêutico. Veremos também que é a partir da experiência transmitida por ele que, na França, Oury e Guattari realizarão seu trabalho clínico com doentes na clínica de La Borde. Aquilo que se tornará a "psicoterapia institucional", assim como seu princípio fundador, segundo o qual "antes de pretender tratar o paciente, convém tratar a instituição", enraízam-se na experiência catalã.

O contexto da revolução na Espanha

Em 1921, Primo de Rivera instala sua ditadura na Espanha e na Catalunha. A resistência vai pouco a pouco se organizando em torno dos anarquistas da Confederação Nacional do Trabalho (CNT) e da Federação Anarquista Ibérica (FAI), bem como da Federação Comunista Catalano-Balear, à qual está ligado o Bloco Operário e Camponês, de que Tosquelles faz parte desde os quinze anos de idade. Essas diferentes correntes revolucionárias são, na época, notavelmente alheias à linha centralizadora do Partido Comunista Espanhol, subserviente a Moscou. Tosquelles recorda:

> Eu era membro da Federação Catalano-Balear. Stálin, a certa altura, nos enviou um sujeito, um negro chamado Bréa. Lembrarei sempre desses emissários clandestinos oficiais de controle soviéticos. Esse sujeito queria que fôssemos a Madri, que fizéssemos propaganda na Espanha – com a monarquia, com os militares no poder – e que disséssemos: "Todo poder aos sovietes". Então, dois ou três de nós – não o Partido, pois ele não o faria oficialmente – escrevemos a Stálin: meu caro camarada, você é um Guia muito importante, mas não entende nada do que se passa aqui. Na Espanha, não existem sovietes. Logo, dizer "todo poder aos sovietes" é realmente dar razão aos militares e ao rei. Uma idiotice. Pior. Aliás, não vamos falar castelhano, pois os castelhanos são nossos opressores. Se quer uma propaganda que se pareça com "todo poder aos sovietes", será preciso dizer "todo poder a *las peñas*". *Las peñas* são os botecos, as discussões de boteco, aqueles que fazem a guerra nos cafés. Antigamente, quando se ia ao café, seja na França seja na Espanha, passava-se o dia inteiro lá; pois o mais importante é trabalhar o mínimo possível. Desse modo, assim que paramos de trabalhar, é preciso ir ao café. Não se vai ao café para se embriagar nem formar partidos, mas para discutir. Havia gente de direita, de centro, de esquerda, e conversávamos horas a fio para refazer o mundo.[3]

Com seu humor truculento, Tosquelles lembra aqui a amplitude das clivagens e a complexidade da situação geopolítica em que estavam enredados os revolucionários catalães. Os partidos de esquerda catalães e a corrente comunista de Tosquelles defendem uma ideia de comunismo libertária e aberta, mais próxima do anarcocomunismo e do comunismo feminista situado à esquerda de Trótski que do stalinismo russo. Além do mais, para os revolucionários

---

3 F. Tosquelles, "Une Politique de la folie", op. cit., p. 69.

e para o próprio Tosquelles, esse comunismo só pode ser concebido no âmbito de uma luta, muito mais antiga, pela independência da Catalunha e por "sua política mediterrânea, industrial e democrática" contra o jugo do "feudalismo inquisitorial e autoritário" de Castela[4] – de que Primo de Rivera é apenas o último avatar. Os conselhos de Tosquelles a Stálin, longe de serem *boutades*, chamam atenção para a cegueira dessa propaganda comunista descolada da realidade, fazendo eco com as denúncias que Reich havia feito em outro contexto: é simplesmente impossível fazer propaganda em castelhano, pois essa é a língua dos "opressores" históricos! E do ponto de vista das práticas e das realidades concretas da sociedade catalã, o café é certamente o lugar mais propício para uma propaganda eficaz. Não se trata tanto de convencer os castelhanos (como isso seria possível?) quanto de reunir o povo catalão, em suas diversas componentes políticas, sob a bandeira da revolução proletária. Afinal, ninguém ignora a dimensão internacional do que está em jogo, muito menos Tosquelles: "No início da guerra, ninguém podia desconhecer o cenário típico da luta de classes, então presentificado. Além do mais, em 1936, a luta de classes pipocava por toda parte como aspecto mais concreto da dinâmica universal da História".[5]

A ação terapêutica de Tosquelles durante a guerra

Impelido pelas necessidades da guerra e preocupado com a vida de seus pacientes, Tosquelles inovará o tempo todo. Em 1936, no front de Aragão, ele é nomeado chefe dos serviços psiquiátricos pelas milícias antifascistas do Partido Operário de Unificação Marxista (o Poum, do qual é membro fundador), para atuar "num vasto espaço – compreen-

---

4 F. Tosquelles e Françoise Picard, "La Guerre d'Espagne". *VST*, 2015, n. 127, pp. 135-36. [N. E.: Entrevista concedida originalmente para o n. 72, 1987, da mesma revista.]
5 Ibid., p. 136.

dendo precisamente Castela, na faixa entre Toledo, Estremadura e o norte da Andaluzia".[6] Tem 24 anos. Os riscos materiais obrigam-no a pôr em prática uma clínica ambulatorial fora dos muros do hospital, que lembra muito os postos clínicos criados por Reich nos bairros populares. A ideia é evitar o confinamento do paciente, que o manteria isolado e, assim, tornaria seu mal crônico. Tosquelles conta:

> O que fiz em Aragão? Eu não tinha muitos doentes; evitava que eles fossem enviados a duzentos quilômetros da linha de frente; tratava-os onde as coisas tinham se desencadeado, a menos de quinze quilômetros, segundo um princípio que poderia lembrar o da política de setor.[7] Se você envia um neurótico de guerra a 150 quilômetros da linha de frente, você o transforma num doente crônico. Você só pode cuidar dele perto da família em que os problemas se originaram.[8]

Sobretudo, Tosquelles é levado a "se ocupar" dos médicos, em uma prática ao mesmo tempo clínica e revolucionária:

> A guerra civil mobiliza uma mudança de perspectiva sobre o mundo. Os médicos, em geral, têm em mente uma estabilidade do tipo burguês. São pequenos ou grandes burgueses que querem viver sozinhos e ganhar dinheiro, ser eruditos. Ora, em uma guerra civil como a nossa, era preciso que o médico pudesse admitir uma mudança de perspectiva sobre o mundo; que pudesse admitir que quem determina sua clientela são os clientes e que ele não é todo-poderoso. Assim, ocupei-me

---

6   Ibid., p. 137.
7   Aqui Tosquelles se refere à "psiquiatria de setor", nova organização da psiquiatria pública na França que alterou drasticamente o atendimento psiquiátrico no país no século xx. Entre outros fatores, envolveu a redistribuição das estruturas de saúde na cidade segundo um sistema reticular; a contestação da internação hospitalar ou mesmo manicomial em favor do cuidado ambulatorial e domiciliar; e a restruturação das relações entre profissionais da saúde e pacientes. [N. E.]
8   Id., "Une Politique de la folie", op. cit., p. 71.

da psicoterapia de homens normais para evitar a crise. Não podemos fazer psiquiatria em um setor nem em um hospital se conservamos uma ideologia burguesa e individualista.[9]

Como se vê, o ideal revolucionário encarna-se, para Tosquelles, numa organização específica em que a divisão social do trabalho médico é questionada. No mesmo momento, entre 1936 e 1938, nas cidades e no campo de Aragão e da Catalunha, milhões de camponeses e operários poumistas e anarquistas transformam profundamente as relações de poder e de propriedade. Como vimos com o testemunho de Langer, as mulheres não são deixadas de fora e ocupam um lugar decisivo nesses movimentos de emancipação. A produção econômica é inteiramente reorganizada e o dinheiro chega a ser abolido em certas comunas.[10] É durante esse período que Tosquelles cria uma comunidade terapêutica em Almodóvar del Campo. Como responsável por ela, organiza o recrutamento da equipe de cuidados, evitando incluir psiquiatras. Na contramão da especialização e da divisão social do trabalho, ele quer que a clínica seja popular. Trata-se de inscrever os cuidados na vida da cidade e de organizar esses cuidados junto de seus membros, em toda sua heterogeneidade:

> Escolhi advogados que tinham medo da guerra, mas que nunca haviam tratado um louco, pintores, homens de letras, putas. [...] Algumas dessas putas viraram enfermeiras fantásticas. É extraordinário, não? E como elas sabiam, por sua prática com os homens, que todo mundo é louco – inclusive os homens que procuram as putas –, sua formação profissional era rápida. Em um mês, uma puta, um advogado ou um

---

9 Ibid.
10 Carlos Semprún-Maura, *Révolution et contre-révolution en Catalogne*. Paris: Mame, 1974; Pierre Broué e Émile Témime, *La Révolution et la guerre d'Espagne*. Paris: Minuit, 1996; Frédéric Goldbronn e Frank Mintz, "Quand l'Espagne révolutionnaire vivait en anarchie". *Le Monde diplomatique*, dez. 2000, pp. 26-27.

padre tornavam-se uma pessoa extraordinária. Assim, todas as minhas atividades foram uma implementação do setor e das comunidades terapêuticas, uma ação com os políticos locais, com os indivíduos que representavam algum poder no país. Isso que é a atividade de setor![11]

O modelo das comarcas

Na perspectiva do Poum e dos anarquistas, é preciso fazer a revolução *aqui e agora*: não se trata de esperar uma "grande noite"[12] nem a figura centralizadora de um partido ou de um líder, muito pelo contrário. O que os rege é o princípio das comunas locais catalãs, ou comarcas, essas comunidades rurais ou urbanas por meio das quais as pessoas reorganizam a vida social cotidiana. Sua criação inscreve-se obviamente em um horizonte internacionalista: "A guerra da Espanha era não uma guerra civil localizada, mas tinha uma dimensão universal, visando à tomada do poder pelo proletariado".[13] Esse horizonte está a mil léguas da doxa reacionária imposta por Stálin no mesmo período. Certos combatentes russos enviados por Moscou à Espanha não se enganam e, reconhecendo ali o comunismo real, traem sua hierarquia para juntar-se aos combates da comuna catalo-espanhola.

O Partido Comunista Espanhol (PCE), de fidelidade stalinista, vê com maus olhos essas experimentações libertárias e empreende uma verdadeira contrarrevolução no interior da revolução. Logo proíbe as mulheres de portar e usar armas, as patentes e o cerimonial hierárquico são reintroduzidos no exército, as terras e as fábricas são devolvidas a seus proprietários, desde que eles sejam antifranquistas. As coletividades agrícolas são destruídas e, com o apoio do

---

11   F. Tosquelles, "Une Politique de la folie", op. cit., p. 72.
12   "*Le grand soir*": expressão anarquista francesa que designa o dia da revolução social. [N. T.]
13   F. Tosquelles, "La Guerre d'Espagne", op. cit., p. 136.

exército republicano, o PCE massacra os anarquistas e poumistas. Tosquelles testemunha:

> A própria generalidade [governo] da Catalunha tinha perdido todo poder real na condução da guerra e na vida política da Catalunha quando o poder central, mais ou menos armado e inspirado pelo Partido Comunista Espanhol, lançou um ataque violento em Barcelona contra o poderoso movimento operário, de origem anarquista, e àquele muito solidamente implantado no proletariado catalão, com o Partido Operário de Unificação Marxista – com frequência designado então como trotskista –, no estilo de atuação bem conhecido da época de Stálin.[14]

Para terminar, o governo espanhol de Juan Negrín, que coloca como prioridade restabelecer boas relações com a França e a Alemanha, dissolve as Brigadas Internacionais. Para Tosquelles, essa decisão é o golpe fatal na revolução proletária em benefício da guerra das nações:

> As Brigadas Internacionais, presentes em todo lugar e sobretudo na frente de batalha de Madri, se retiraram dos combates e foram dissolvidas em dezembro de 1938, em plena batalha do Ebro, às portas do sul da Catalunha. Uma vez escamoteado o proletariado do movimento histórico, tudo estava pronto para a grande guerra dos Estados – que, no que diz respeito à França, começou em setembro de 1939. Vocês sabem o que veio depois.[15]

De Sept-Fons a Saint-Alban

Em fevereiro de 1939 começa a *Retirada*, depois o exílio. Em 7 de fevereiro, Hermann, jornalista no *Populaire*, relata: "Nenhum daqueles que foram hoje a Le Perthus poderá esquecer esta extraordinária visão: um povo inteiro, prefe-

---
14 Ibid., p. 136.
15 Ibid.

rindo o exílio à escravidão, desfila sem cessar, sem pressa, sem gritos, desde as primeiras horas da manhã".[16] Para a historiadora Geneviève Dreyfus-Armand, "é o maior êxodo já observado em uma fronteira francesa".[17] Em março, Madri cai, o que sinaliza a sentença de morte da república espanhola. Tosquelles entra na França graças à rede organizada por sua esposa. É internado em Sept-Fons, um dos numerosos campos de concentração improvisados pelo governo francês para isolar os 450 mil refugiados espanhóis. As condições de detenção são atrozes. Os refugiados são encerrados a céu aberto. Chove, o frio é glacial. Nenhum abrigo, nenhuma latrina, os prisioneiros se aliviam direto no chão. As doenças se espalham rapidamente, e matam: febre tifoide, sarna, tuberculose... quando não a fome ou o frio. A administração francesa, hostil à chegada desses refugiados, abandona os detentos e os maltrata; incita-os a voltar à Espanha, melhorando a sorte dos que aceitam. Para evitar as manifestações de solidariedade dos soldados franceses aos refugiados espanhóis, contingentes de exércitos coloniais são destacados para cercar os campos. Organizam-se, porém, movimentos de apoio, e alguns refugiados conseguem fugir.

No campo de Sept-Fons, Tosquelles estabelece um serviço de psiquiatria:

> Nesses serviços também era muito engraçado. Mais uma vez, eu estava cercado de militantes políticos, pintores, violonistas... Só havia um enfermeiro psiquiátrico; todos os demais eram pessoas normais. Foi muito eficaz, criei um serviço. Creio que foi um lugar em que fiz uma ótima psiquiatria, nesse campo de concentração, na lama. Era magnífico. E, por outro lado, nos servíamos dele para provocar as evasões... histórias desse tipo. Poucos sabem que os republicanos espanhóis que

---

16 Apud Anne Mathieu, "En 1939, plongée dans les camps de réfugiés espagnols en France". *Le Monde diplomatique*, ago. 2019, pp. 20-21.
17 Geneviève Dreyfus-Armand, *L'Exil des républicains en France*. Paris: Albin Michel, 1999.

escaparam dos campos forneceram a armadura da Resistência em todo o sudoeste da França.[18]

Tosquelles sabe do que está falando: em 6 de janeiro de 1940, integra o hospital psiquiátrico de Saint-Alban, em Lozère, do qual fará um importante centro da resistência. Recrutado como enfermeiro assistente, começa imediatamente a trabalhar na transformação do estabelecimento, que era antiquado e estava em mau estado. Saint-Alban é um vilarejo pobre e isolado. Os doentes, monitorados por religiosas de pouca formação, são confinados no interior do hospital, no entanto situado no centro do vilarejo. Mas a guerra tumultua essa segregação habitual e Tosquelles vê aí uma possibilidade de subvertê-la. Em condições mais precárias do que nunca, a necessidade faz a lei: abrir o hospital para a cidade permite trocar serviços com os camponeses dos arredores. Em outros locais na França, os doentes mentais são condenados a morrer de carências alimentares graves: durante a Ocupação e o regime de Vichy, mais da metade dos pacientes hospitalizados morre de fome. É uma hecatombe.[19] Mas os de Saint-Alban escapam a esse destino funesto graças à luta pela sobrevivência ali conduzida. Tosquelles sublinha seus efeitos políticos:

> Os doentes, as enfermeiras e até o administrador ou os médicos travavam a luta contra a fome, saíam do hospital, procuravam os camponeses para obter manteiga e nabos em troca de alguns trabalhos. Pusemos os doentes em contato com o exterior, mandando-os não à guerra, mas ao mercado negro. Elaboramos explicações sobre cogumelos para ensiná-los a colhê-los. E, como existiam cartões de alimentação para tuberculosos, inventamos um serviço de tuberculosos. Quando uma pessoa começava a ter edemas carenciais, logo dávamos um

---

18 F. Tosquelles, "Une Politique de la folie", op. cit., p. 73.
19 Isabelle von Bueltzingsloewen, *L'Hécatombe des fous: la famine dans les hôpitaux psychiatriques français sous l'Occupation*. Paris: Aubier, 2007.

diagnóstico de tuberculose. Existe todo um encadeamento de coisas que faz com que, ao fim, a guerra tenha chegado no momento certo... e a Resistência também.[20]

Entre os refugiados e emigrados clandestinos que se encontram em Saint-Alban, destacam-se: Tzara, Éluard, Canguilhem, Jacques Matarasso, Michel Bardach. A partir de junho de 1942, Éluard dirige as Éditions de Minuit: Saint-Alban serve então de plataforma para uma parte importante das obras impressas em Saint-Flour. Lucien Bonnafé, comunista, é nomeado médico-chefe em 1943. Frantz Fanon também virá se formar ali depois da guerra.[21] Assim, durante os piores anos do pétainismo e sob ocupação nazista, a psicanálise, o marxismo e a poesia se cruzarão nesse local. Uma vida comunitária intensa se organiza em torno de reuniões de uma sociedade secreta, a sociedade do Gévaudan. Como comentam Danielle Sivadon, Jean-Claude Polack e François Pain, psicanalistas que trabalharam em La Borde, "à noite, esperando um visitante ou a chegada de armas por paraquedas, organizando os cuidados dos feridos ou preparando edições clandestinas, essas reuniões punham em andamento o mundo do asilo, já se ocupavam em 'curar a vida'. Foi essa a Sociedade do Gévaudan, nome do famoso e inacessível animal".[22] Os doentes sabem que há resistentes escondidos no terceiro andar do castelo. A madre superiora também é cúmplice de Tosquelles, e relata-se até que "as armas do maqui do Gévaudan estão escondidas debaixo da cama monumental dela"![23]

---

20 Ibid., p. 76.
21 Tosquelles relata seu encontro com ele, ocorrido em 1952; ver F. Tosquelles, "Frantz Fanon et la psychothérapie institutionnelle". *Sud/Nord*, n. 14, 2001, pp. 167-74.
22 Id., "Une Politique de la folie", op. cit., p. 75. [A Fera de Gévaudan foi um animal que aterrorizou a região de Gévaudan no século XVIII, provavelmente um cão-lobo, um lobo cinzento ou uma hiena. (N. T.)]
23 Patrick Faugeras e Michel Minard, "Portrait d'un militant, François Tosquelles". *Sud/Nord*, n. 25, 2010, p. 54.

Em Saint-Alban, a organização revolucionária afeta evidentemente todas as relações sociais e, em primeiro lugar, a relação com os doentes. A abertura do hospital para o exterior requer uma transformação radical dos modos de funcionamento internos do estabelecimento para dele fazer uma "instituição".[24] Trata-se de mudar os hábitos segregadores, de lutar contra a violência e o desprezo pelos pacientes. Para tal, Tosquelles cria o "clube", "um sistema autogerido, para utilizar linguagem específica. Pratica-se a autogestão". O clube, que funciona formalmente como comitê de redação do jornal *Trait-d'union* [Traço de União], é na realidade o "lugar de psicoterapia coletiva mais importante do hospital". Dispositivo transversal que reúne atendentes e atendidos, encarrega-se da organização coletiva cotidiana da instituição, constituindo um temível aparato de subversão das regras promovidas pelo Estado contratualista burguês. É também um operador eficaz e concreto tanto da assistência psíquica como da parte institucional; em vez de ficar confinado a uma atividade particular, estende-se ao conjunto do hospital, a seus espaços e suas funções. Nesse aspecto, Saint-Alban inspira-se nas famosas comarcas implementadas durante a revolução catalã. Essa experiência revolucionária será retomada por Jean Oury e Félix Guattari, que tentarão dela extrair todas as consequências quando fundarem a clínica de La Borde, em 1953. "De nada serve estar em La Borde sem que se conheça o Poum",[25] declarava regularmente Oury, sugerindo uma relação de continuidade com a experiência da comuna espa-

---

24 "Estabelecimento" designa aqui a estrutura como gestão enquadrada pelo poder de Estado e definida antes de tudo por seu regulamento interno. Para Tosquelles e seus companheiros, é preciso humanizá-lo. Para subverter o estabelecimento, lança-se mão do processo de institucionalização, ou seja, de criação e implementação de "estruturas com função desalienante" por seus próprios membros. Instaura-se então outro tipo de relação entre esses membros: é a "instituição".

25 Jean Oury e Florent Gabarron-Garcia, "Psychothérapie institutionnelle et guerre d'Espagne". *Chimères*, n. 27, pp. 11-20, 2010.

nhola. Até o fim da vida, aliás, Oury se autodeclarará poumista.[26] As consequências dessa abordagem radical para a psicanálise logo serão aprofundadas e problematizadas de uma nova maneira, em especial em La Borde.

A França do pós-guerra e a fundação de La Borde

A clínica na França do pós-guerra é concebida à luz das questões políticas que, de 1945 até a década de 1970, inspiram boa parte do meio psiquiátrico-analítico francês. Enquanto em vários países a psicanálise tem de se adaptar, à custa do recalcamento de sua dimensão política – pensemos nos aborrecimentos de Marie Langer na América do Sul ou na sina da psicanálise nos Estados Unidos após o exílio dos analistas vienenses –,[27] a França vê a continuação da experiência de uma psicanálise engajada, herdada da Viena Vermelha. Para os psiquiatras-psicanalistas politizados, muitos deles marxistas, que participaram da Resistência, em Saint-Alban e outros lugares, a guerra não acabara de fato. É verdade que o nazismo e o fascismo tinham sido derrotados, mas a luta que esses clínicos travavam certamente não visava ao restabelecimento da sociedade burguesa. Eles haviam combatido e resistido em nome da consecução de uma sociedade comunista.[28] Os que tinham lutado na Espanha e vivenciado Saint-Alban, aliás, passaram pela experiência concreta da transformação revolucionária e de seus efeitos decisivos no tratamento dos doentes. Para esses

---

26 Frank Drogoul, "L'apport politique de Jean Oury: 'Je suis poumiste'". *Figures de la Psychanalyse*, n. 33, pp. 157-66, 2017.
27 Russell Jacoby, *The Repression of Psychoanalysis: Otto Fenichel and the Political Freudians*. New York: Basic Books, 1983.
28 Sobre essas questões, remetemos à tese em ciência política de Danielle Papiau, defendida em 16 de junho de 2017, sob a orientação de Bernard Pudal; ver Danielle Papiau, *Psychiatrie, psychanalyse, politique: essai de sociobiographie des psychiatres communistes (1924-1985)*. Tese de doutorado. Paris: École Doctorale Droit et Science Politique – Université de Paris-Nanterre, 2017.

terapeutas, era preciso continuar a luta contra a burguesia e sua organização repressiva da psiquiatria, que tinha como um dos elementos essenciais a segregação dos loucos em estabelecimentos pelos quais, paradoxalmente, alguns deles eram responsáveis, na posição de médicos-diretores.

No período imediatamente pós-guerra, surgem diversos grupos de trabalho independentes das instituições estatais. Um primeiro se constitui já em 1945, reunindo, entre outros, Julian de Ajuriaguerra, Lucien Bonnafé, Georges Daumézon, Louis Le Guillant, Henri Ey, Jacques Lacan e François Tosquelles. A exemplo do coletivo de matemáticos que publicava seus trabalhos sob o nome Bourbaki, esse grupo se batiza de "Docteur Batia", a partir das palavras para "doutor" em francês e "esperança" em basco. Ele se separa em 1947, data em que o jovem Jean Oury chega a Saint-Alban para sua formação. Nessa época, o hospital goza de bastante prestígio. Seus vínculos com a Resistência são conhecidos, e é isso que atrai a nova geração de internos à qual pertence Oury. Ele leva consigo a última conferência de Jacques Lacan, que ouviu no ano anterior no Congresso de Bonneval, na qual Lacan desenvolveu a tese da "causalidade psíquica": "Vi desfilarem pessoas que falavam, até que no mês de maio ouço um sujeito; digo a mim mesmo: 'Enfim, alguém inteligente', era Lacan, e isso permanece".[29] Em 1953, ele começará um tratamento analítico com Lacan que durará até a morte deste, em 1980.

Nascido em 1924 em um meio modesto, Jean Oury está impregnado da experiência de seu subúrbio vermelho de origem, La Garenne-Colombes.[30] Participou de movimentos de jovens muito ativos na Libertação francesa e forjou para si uma sensibilidade libertária. Quando chega a Saint-Alban, a afinidade com Tosquelles é imediata. Esse encontro constituirá, em suas palavras, o "cadinho", a "matriz"

---

29 Apud François Dosse, *Gilles Deleuze & Félix Guattari: biografia cruzada* [2007], trad. Fatima Murad. Porto Alegre: Artmed, 2010, p. 46.
30 Aqui tomamos livre empréstimo da biografia de François Dosse.

da posterior fundação da clínica de La Borde.[31] Em 1950, Oury assume a clínica de Saumery, em Loir-et-Cher. Leva para lá pessoas de seu meio, militantes de seu subúrbio e amigos, para ajudá-lo a organizar a vida cotidiana com os doentes. Félix Guattari, seis anos mais novo que ele, vai a seu encontro para curtas estadas, por sugestão do irmão de Jean, o pedagogo Fernand Oury. Nessa época, Guattari dá sequência aos estudos em farmácia, que o entediam. Fica fascinado por Jean Oury, que se torna para ele o "diretor de consciência". Este lhe recomenda ler Lacan, por cujos escritos se apaixona, e o estimula a retomar os estudos de filosofia aos quais havia se dedicado inicialmente.[32] Guattari, que militou no Partido Comunista desde os quinze anos de idade e frequentou os Albergues da Juventude, compartilha com Oury as mesmas origens sociais e a mesma cultura política. Saumery será para ele o ponto de partida de discussões ininterruptas com o responsável pela instituição.

Munido dos ensinamentos de Tosquelles, a ação de Oury em Saumery visa transformar o ambiente do doente a fim de tirá-lo da segregação social que o afeta. Em 1953, quando os proprietários expressam a vontade de retomar o controle da clínica, Oury decide se mudar com todos seus pacientes para o castelo, isolado e em péssimo estado, que comprou a alguns quilômetros dali, a futura clínica de La Borde. Desde sua criação, a questão do poder é discutida de maneira frontal. O texto fundador, de 1953 – chamado, não sem ironia, "Constituição do Ano I" –, defende uma "remodelação completa: das estruturas existentes em um organismo tradicional; das ideias que cada um de seus membros pode ter de suas funções". Três princípios gerais são destacados: o centralismo democrático, a precariedade dos estatutos e a organização comunitária do trabalho, que vão expressamente de encontro ao dispositivo psiquiátrico clássico.

---

31 Jean Oury, *Il, donc*. Paris: 10/18, 1978, p. 73.
32 F. Dosse, *Gilles Deleuze & Félix Guattari*, op. cit., p. 40.

Nisso ele [o texto da "Constituição do Ano I"] rompe totalmente com toda a tradição hospitalar (hierarquizada e não democrática), sindical (em que os estatutos profissionais estão protegidos e codificados) e comercial (a comunidade começa aqui por uma coparticipação dos salários). Impossível ignorar – o texto, aliás, autoriza isto amplamente – a ressonância política desses três eixos, leninista para as decisões e a execução, trotskista e libertária para a luta contra a burocratização e para a comunitarização.[33]

Dada a vitalidade dos debates político-clínicos do meio psicanalítico nessa época, a fundação da clínica de La Borde por Oury é rapidamente reconhecida por seus pares. Já em 1954, Louis Le Guillant, Évelyne Kestemberg e Georges Daumézon vêm encontrar Oury e lhe enviam doentes.[34]

Oury tem um papel cada vez mais importante nos debates internos na disciplina. Sua prática e sua reflexão engajadas alimentam um novo grupo de psiquiatras-psicanalistas, criado em 1957, na linha do grupo Docteur Batia. Maior que seu antecessor – formado pela nova geração de psiquiatras-psicanalistas que nesse meio-tempo haviam alcançado postos de responsabilidade (tais como Oury, Guattari, Paul-Claude Racamier etc.) –, o grupo de Sèvres parte da iniciativa de Daumézon. Sua carta de fundação não faz mistério a respeito de sua orientação política, assumindo sem reservas a ambição revolucionária do período imediatamente pós-guerra: "Não há revolução sem doutrina revolucionária, não há revolução sem partido, ambos decorrentes de uma análise lúcida da situação em que vivemos".[35]

Porém, os membros do grupo de Sèvres logo se desentendem. É preciso que nos detenhamos por um instante nessa polêmica muito reveladora. Ela efetivamente abre

---

33 Claudine Dardy et al., "Histoires de La Borde, dix ans de psychothérapie institutionnelle à la clinique de Cour-Cheverny". *Recherches*, n. 21, 1976, p. 20.
34 F. Dosse, *Gilles Deleuze & Félix Guattari*, op. cit., p. 47.
35 Apud Jean Ayme, "Le Groupe de Sèvres". *VST*, n. 71, 2001, p. 51.

espaço para uma nova heurística revolucionária, relativa ao reconhecimento, à análise e ao uso dos fenômenos inconscientes que acompanham necessariamente qualquer instituição e interrogam o papel que a psicanálise pode e deve assumir aí.

A questão política e clínica

Recordemos antes de tudo que a organização revolucionária da clínica de La Borde não é apenas política, pois concerne igualmente as questões terapêuticas ligadas ao paciente e defende o princípio de que a psicanálise deve se estender ao conjunto da instituição. Tosquelles, durante a guerra, já tinha associado prostitutas ou padres a sua iniciativa: mostrara que os cuidados dispensados aos pacientes seriam melhores a partir do momento em que fossem suspensas a divisão social do trabalho e sua especialização. Em outras palavras, impunha-se a transformação radical das relações de poder no hospital, porque estas tinham, estruturalmente, uma incidência direta e nefasta sobre a doença mental. Era preciso, então, fazer uma crítica do hospital psiquiátrico clássico e de sua figura-chave, o psiquiatra. Como Guattari diria depois, os hospitais psiquiátricos são "radicalmente desviados de sua finalidade social manifesta", que é a de cuidar:

> Na verdade, essas enormes maquinárias concentracionárias reforçam a opacidade dos problemas, a solidão dos doentes, o não sentido de sua existência. Essas maquinárias desenvolvem uma espécie de patoplastia social das doenças mentais que as faz endurecer e se fechar sobre si mesmas. Alienação social que se sobrepõe às instâncias mais particulares de uma alienação de ordem psicopatológica.[36]

---

36 Félix Guattari, *Psicanálise e transversalidade: ensaios de análise institucional* [1972], trad. Adail U. Sobral e Maria S. Gonçalves. Aparecida, SP: Ideias & Letras, 2004, p. 124.

As condições sociais em que vive o paciente, e em particular o que chamamos de seu ambiente de cuidados, o hospital psiquiátrico, reforçam sua doença mental.

De certa forma, reencontramos aqui um dos problemas clássicos postos ao analista engajado, na encruzilhada entre sua prática analítica e o mal-estar com que depara, mal-estar este que não raro é socialmente sobredeterminado e que o analista tem de tratar com meios inapropriados, até mesmo nefastos. Convinha, pois, desmascarar a pretensão hipócrita da instituição psiquiátrica e, para o terapeuta, analisar as funções contraditórias do hospital. Esse era um requisito elementar para quem pretendia "cuidar", e é exatamente de que trata o conceito da *dupla alienação*, social e mental, forjado por Oury: na clínica de La Borde, a terapia não era mais apenas individual; era também institucional. A psicanálise tinha de se desdobrar nesses dois níveis. Oury e Guattari então transformariam a técnica analítica para estender seu alcance ao ambiente social a fim de melhorar a condição psíquica do paciente. Era preciso "determinar as condições que permitem à instituição desempenhar um papel analítico no sentido freudiano".[37]

Essa abordagem abalava a psiquiatria herdada do pós-guerra. Estava longe de ser unanimidade entre os membros do movimento que começava a se formar sob o sintagma "psicoterapia institucional", proposto por Daumézon em 1952. A empreitada da reforma da psiquiatria asilar em prol da psiquiatria de setor só se realizaria de fato anos depois, em virtude de divergências importantes sobre a psicanálise e seu alcance.[38] Sem entrar aqui nos meandros dos debates internos sobre essa questão, limitemo-nos a recapitular algumas das transformações acarretadas pela prática labordiana, transformações na origem da polêmica que, em 1959, imploriria o grupo de Sèvres. Os psiquiatras, como representantes do poder delegado pelo

---

37 Ibid., p. 122.
38 Note-se que, para alguns, esse alcance era nulo. Há muito tempo, a linha do PC havia decretado que a psicanálise era "ciência burguesa".

Estado burguês, deveriam não só fazer sua autocrítica mas também compartilhar as ferramentas terapêuticas privilegiadas que tinham à disposição, como a psicanálise – inclusive compartilhá-las com aqueles de seus colegas que não estavam nem legal nem simbolicamente autorizados a se apropriar desse saber, como os enfermeiros. Por fim, a própria psicanálise deveria abandonar o referencial burguês de tratamento para se estender ao conjunto da instituição. Desse modo, seria capaz de desmascarar as fantasias de grupo, tais como a identificação com o chefe descrita por Freud, fantasias que contribuíam muito para manter a instituição doente e, em consequência, agravar o sofrimento dos pacientes.

No grupo de Sèvres, René Diatkine e Paul-Claude Racamier[39] não compartilham de modo algum desse ponto de vista. Pelo contrário, querem restringir o exercício da psicanálise no hospital apenas a médicos, excluindo, por exemplo, enfermeiros. Tampouco pretendem generalizar a psicanálise na instituição. Essa discordância leva à implosão do grupo em 1959, enquanto La Borde há muitos anos já experimenta a generalização da psicanálise ao conjunto da instituição e de seus membros, e constata *in situ* seus efeitos benéficos, tanto clínicos como políticos. Na esteira de Tosquelles, de sua crítica do poder psiquiátrico e de seus efeitos alienantes e iatrogênicos, Oury e Guattari privilegiam o modelo analítico e sua transversalidade. Para eles, a psicanálise não deve reforçar o poder do psiquiatra; muito pelo contrário, ela deve questionar justamente a psiquiatria e o lugar do psiquiatra. O debate que opõe Diatkine e Racamier, de um lado, e Oury e Guattari, do outro, lembra, ainda que em um contexto totalmente diverso, a querela a respeito da extensão da psicanálise ao conjunto da sociedade e do envolvimento político do psicanalista, que havia dividido os analistas em meados da década de 1920.

---

39 Mais tarde, eles escreverão juntos *Le Psychanalyste sans divan*. Paris: Payot, 1970.

A análise na psiquiatria

"A compreensão dos conteúdos inconscientes, das pulsões, dos conflitos, corre o risco de ser infinitamente mais penosa do que útil" e poderia levar a "uma erotização da equipe", a uma "reação depressiva ainda mais lastimável", a "uma desvalorização das palavras e dos afetos, acarretando uma rejeição tão perigosa quanto a rejeição da nosologia": tais são as advertências categóricas de Diatkine na última reunião do grupo de Sèvres a respeito das "perigosas" relações entre o enfermeiro e a psicanálise. A proximidade deste com o doente, longe de ser um recurso, constitui para Diatkine uma contraindicação suplementar: "O pessoal de enfermagem, pela natureza mesma de sua posição e de sua função, é particularmente pressionado, e sua integridade mental é sempre atacada".[40] Logo, convém poupá-lo do saber inconsciente para não "o pressionar" ainda mais. Contraindicada para o trabalho do enfermeiro, a psicanálise é, em compensação, segundo ele, a ferramenta *princeps* do psiquiatra, "sua ciência nova". Ele detém seu monopólio, é seu representante na instituição e seu único vetor. A identificação com o poder do médico psicanalista, portanto, é valorizada e assumida: "O que o psicanalista traz para os jovens psiquiatras, assim como para os atendentes que o cercam na instituição, é antes de tudo um modelo de identificação".[41] E, de acordo com a análise de Freud a respeito do Exército e da Igreja,[42] é na supremacia da identificação com o líder encarnado pelo psiquiatra-psicanalista que se baseia a operatividade desse dispositivo.[43] A introdução

---

40 Apud J. Ayme, "Le Groupe de Sèvres", op. cit., p. 50.
41 Paul-Claude Racamier, *Le Psychanalyste sans divan*: la psychanalyse et les institutions de soins psychiatriques. Paris: Payot, 1993, p. 68.
42 Sigmund Freud, *Psicologia das massas e análise do eu* [1921], in *Obra completa*, v. 15. trad. Paulo César de Souza. São Paulo: Companhia das Letras, 2011.
43 Emprestamos livremente a crítica de Robert Castel, "A instituição psiquiátrica em questão" [1971], trad. Maria Luiza X. de A. Borges,

da psicanálise no hospital visa primeiramente tirar a psiquiatria de sua crise. Por ser uma "verdadeira ciência", ela é a "mais eficaz" para fazer a psiquiatria sair do impasse, começando por restaurar a autoridade médica: "Você não chegará a nada enquanto não tiver restaurado a autoridade médica; só depois poderá compartilhá-la".[44]

O eventual futuro compartilhamento da autoridade está subordinado à personalidade do psiquiatra-psicanalista, do qual Racamier apresenta um quadro resumido: "Desembaraçado dos atributos olimpianos, o psicanalista oferece um exemplo de tolerância sem masoquismo, de presença sem complacência, de firmeza sem falsa prestatividade, de aceitação e de utilização controlada das reações pessoais afetivas e, enfim, de curiosidade sem impaciência".[45] A psicologia do médico psicanalista é elevada aqui à categoria de ideal regulador da instituição. A psicanálise torna-se a nova norma médica, e a pessoa do psiquiatra-psicanalista, seu suporte. Mas, como escreve Robert Castel:

> [Quando a] crise institucional reduz-se, pois, no essencial, a uma crise do saber e da autoridade, que encontrará sua solução desde que seja possível organizar o conjunto assistencial [...], somos remetidos para aquém da análise proposta pelos iniciadores das primeiras tentativas de reforma da psiquiatria, que tinham pelo menos o mérito de ver que a transformação da estrutura institucional exigia coisa muito diversa da substituição de uma teoria médica por outra teoria médica, ainda que de inspiração psicanalítica.[46]

Adivinhamos melhor aqui a operação tautológica que permite excluir o enfermeiro e por meio da qual a psica-

---

in *Sociedade e doença mental*, org. Sérvulo A. Figueira. Rio de Janeiro: Campus, 1978, pp. 149-93.
44 P.-C. Racamier, *Le Psychanalyste sans divan*, op. cit., p. 165.
45 Ibid.
46 R. Castel, "A instituição psiquiátrica em questão", op. cit., pp. 158-59.

nálise, deturpada, fornece uma justificação ideológica para a ordem psiquiátrica. Não somente seu "reinado" na instituição é perfeitamente compatível com a divisão do trabalho dentro da psiquiatria como é ela que torna essa última operante. "Serviçal da psiquiatria",[47] a psicanálise torna-se sua nova máscara ideológica. Mas então, continua Castel, "Identificá-los [esses papéis] à base da relação terapêutica é poupar-se o trabalho de analisá-los em sua especificidade e suas finalidades contraditórias; é sobretudo uma maneira cômoda de evadir a questão sociologicamente fundamental: em nome de que (ou de quem) exerce o psiquiatra-psicanalista essa função de modelo, *de que autoridade é delegado?*"[48]

Como é de supor, a abordagem de Diatkine e de sua corrente não tinha como não entrar em choque com a concepção labordiana, derivada da herança poumista e elaborada contra a psicanálise e a psiquiatria burguesas. A questão do estatuto do médico e de sua relação com o enfermeiro cristaliza, assim, muitas implicações. Em um texto de 1955 em forma de conversa, Oury e Guattari desmascaram as relações de poder inerentes à empreitada psiquiátrica e criticam o poder médico. Para Oury, é preciso "começar a definir as relações existentes entre médico e enfermeiro, com todos os compromissos místicos que isso comporta", ao que Guattari responde: "O médico continua a ser [...] o suporte e o responsável pela mistificação, e, enquanto tal, reflete a ideologia de sua classe. [...] Acho que o problema não deve ser tão marginal no tocante às classes, mas totalmente fundamental".[49] Visa-se, em particular, o psiquiatra: sua relação com o enfermeiro é fundamentalmente uma relação de classe. A figura do psiquiatra e o poder a ele delegado estão no nível de uma empreitada ideológica que procura manter as relações de dominação:

---

47 Expressão utilizada por Freud em carta ao artista Jacques Schnier datada de 5 de julho de 1938. [N. E.]
48 R. Castel, "A instituição psiquiátrica em questão", op. cit., p. 158.
49 F. Guattari, *Psicanálise e transversalidade*, op. cit., pp. 21-22.

JEAN OURY — É evidente que o papel determinado para o médico é o de ser defensor das instituições do Estado. O Estado o incumbe da função de fazer respeitar o regulamento do hospital sem intervir em sua estrutura econômico-social. Esse seu papel implica obrigatoriamente que ele se faça respeitar, a fim de que se apresente aos enfermos a própria imagem do respeito, da honra. Há, por conseguinte, uma espécie de pantomima representativa, dado que é a imagem mesma da sociedade em que trabalha o enfermeiro.[50]

Instado "oficialmente" a "cuidar" de pessoas, o hospital é antes de tudo o lugar de um poder excludente, onde o psiquiatra, garantidor do regulamento do estabelecimento, opera como uma engrenagem essencial. Ao contrário do que preconizava Racamier, é preciso portanto revelar o subterfúgio em que consiste a autoridade médica em vez de reproduzi-la e, pior, embasá-la no exercício da psicanálise. Afinal, essa autoridade só existe, na realidade, para encobrir as relações de dominação em que tanto o enfermeiro como o doente permanecem aprisionados. É assim que se deve entender o convite labordiano para "acabar com o médico, em sua condição de indivíduo, de colega" e "porta-voz do sujeito que poderia ser a instituição".[51] Representante do Estado e de sua ordem, o microcosmo asilar concentra e exacerba as contradições sociais, razão pela qual convém fazer uma análise aprofundada desse universo:

JEAN OURY — [...] Nesse enquadramento dos loucos, pode-se dizer que há uma "visão do exterior" e uma "visão do interior", além da "visão dos loucos". O exemplo da visão exterior tradicional é a ideia de que, quanto mais instruído, quanto mais escolado, tanto maior a compreensão que se tem do louco; logo, é preciso tornar-se médico. Em contrapartida, num nível inferior da escala, o enfermeiro, em princípio sem educação, nada pode compreender. Há um racionalismo da sociedade

---
50 Ibid., p. 22.
51 Ibid., p. 68.

que é muito mais uma racionalização da má-fé, da maldade. A visão do interior são as relações com os loucos nos contatos cotidianos, desde que se tenha rompido com um "contrato" com o tradicional. Pode-se então dizer, em certo sentido, que saber o que é estar em contato com os loucos é ao mesmo tempo ser progressista.

FÉLIX GUATTARI — Seria até possível considerar que a tomada de consciência com relação a esse "contrato com o tradicional" e a decisão de rompê-lo constituem a condição de um acesso fenomenológico à loucura.[52]

Romper de dentro o "contrato tradicional" que relega o enfermeiro a uma relação subalterna com o médico por não ter acesso ao saber psicanalítico (ele "não tem educação") é questionar o contrato psiquiátrico e sua lei, que excluíam o louco, mas é também e sobretudo tornar possível o encontro com o louco em novas coordenadas.[53] A crítica da divisão do trabalho junta-se aqui à terapia analítica das psicoses. O que se procura é precisamente a possibilidade de um contato verdadeiro entre enfermeiros e pacientes: "O enfermeiro [...] considera-se com frequência uma espécie de médico de segunda classe, embora seja ele quem detém um poder terapêutico privilegiado e muitas vezes insubstituível".[54] Isso supõe uma revolução institucional *e* subjetiva. A ruptura com a forma contratual burguesa que reifica os personagens do psiquiatra e do enfermeiro na divisão do trabalho psiquiátrico torna-se a condição para acessar a loucura e tratá-la mediante a terapia institucional. Todos os papéis são redefinidos, a começar pelo do médico:

---

52 Ibid., p. 24.
53 Vê-se articulada aqui a crítica do contrato e da lei, em prol do modelo da instituição, tal como será defendido por Deleuze; ibid., p. 18.
54 Ibid., p. 89.

A terapia institucional modifica radicalmente os hábitos de trabalho da profissão médica. O que se espera do médico labordiano não é somente que prescreva receitas, dê eletrochoques ou acompanhe a evolução de uma terapia de choque de insulina: também se espera que ele se interesse pelo modo de organização do clube, pelo trabalho dos ateliês, pelo que se passa no campo institucional. O que se espera do médico é que não seja somente um representante do saber médico, também se espera que seja um ergoterapeuta. Isso vale para toda a equipe em La Borde: a faxineira, a enfermeira, o cozinheiro devem ser polivalentes; o jardineiro deve saber cultivar as flores, mas também deve saber prestar cuidados.[55]

A prática analítica, uma vez liberta da ascendência da psiquiatria, torna-se resolutamente "progressista"; antecipa até uma atualização da futura revolução na escala da sociedade. De certa maneira, para Oury, o espaço asilar cristaliza o conjunto das lutas sociais:

> A sociedade delega a certas pessoas a tarefa de conviver com os loucos, o que cria uma espécie de barreira humana, barreiras de cabeças, de braços e pernas, para se proteger dos loucos. Que os loucos se arrebentem como quiserem, contanto que deixem a sociedade em paz. E é forçoso que, nessa espécie de barreira que faz parte da sociedade, se achem implicadas todas as suas lutas.[56]

É precisamente por essa razão que a psiquiatria segregadora é o lugar privilegiado para uma transformação revolucionária, a partir da qual seria possível realizar o que Deleuze e Guattari chamarão mais tarde de "psiquiatria materialista".[57]

---

55 C. Dardy et al., "Histoires de La Borde", op. cit., pp. 301-02. Para distinguir os diferentes períodos da vida institucional labordiana, remetemos a essa bela e vívida monografia.
56 F. Guattari, *Psicanálise e transversalidade*, op. cit., p. 23.
57 Gilles Deleuze e F. Guattari, *O anti-Édipo* [1972], trad. Luiz B. L. Orlandi. São Paulo: Editora 34, 2010, p. 15.

A revolução realizada pela psicanálise

É preciso ver que a implementação de uma rotatividade das tarefas e das funções, assim como o compartilhamento da função terapêutica, não têm por único fim abolir a divisão social do trabalho. Também têm efeitos subjetivos e inconscientes decisivos para os membros da instituição. Contrariando as preconizações de Racamier, como se viu, o que se busca em La Borde é desconstruir o personagem do psiquiatra. Mas como fazer isso? Guattari dá uma ideia geral: o médico deve renunciar à identificação imaginária com seu papel e, suportando o "medo pânico de se desfazer em pedaços" gerado pelo "esfacelamento" de sua função médica, deve transferir seu poder real e legal a "múltiplas assunções de controle que implicam diferentes tipos de grupos e de pessoas".[58] Para tal, convém primeiro fazer o "desvelamento desse lugar", criando "vacúolos", ou seja, espaços preservados em que os membros da instituição possam se associar livremente e se interrogar sobre seu papel: "O que estamos fazendo aqui?". Esses espaços representam uma etapa prévia de qualquer experiência analítica de grupo: "Desde os primeiros passos nesse caminho, vai surgir uma distinção primordial entre desalienação de grupo e análise de grupo".[59] Uma vez consolidado, esse dispositivo grupal – em que a contestação e a redefinição dos papéis são ratificadas – não pode deixar de produzir efeitos sobre seus sujeitos, a começar pelo doente, que pode encontrar aí uma função de interpretante.[60] Mediante a transformação concreta dos dispositivos psiquiátricos desiguais, o "remanejamento de ideais do ego" dos membros da instituição pode efetuar-se indiretamente. O sujeito se modifica em sua relação com os outros e com ele próprio, em especial sua relação com o superego investido na instituição.

---

58 F. Guattari, *Psicanálise e transversalidade*, op. cit., p. 114.
59 Ibid., pp. 107-08.
60 Ibid., p. 115.

Em 1957, quando o grupo de Sèvres se constitui, o questionamento radical do estatuto do enfermeiro já se realiza, portanto, na prática labordiana: a distinção entre equipe de cuidados e equipe de serviço é oficialmente abolida. Todos os trabalhadores, diplomados ou não, tornaram-se "monitores psiquiátricos" e os salários foram igualados.[61] Mas não basta declarar a igualdade para realizá-la, e a questão ainda se coloca nos mesmos termos hoje: como um grupo da instituição asilar poderia superar gradualmente as injunções sociais e suas alienações, a ponto de seus próprios membros tomarem eles mesmos as rédeas de tal mudança e a desejarem, sendo que sua hierarquia estrita e divisão social do trabalho tendem a ser comparáveis às que reinam na prisão? É aí que intervém a psicanálise estendida ao conjunto da instituição. Ela não tem a pretensão vanguardista de esclarecer as massas e orientá-las, e sim de constituir em cada grupo as condições favoráveis a uma desalienação social, permitindo assim "uma análise do desejo, sobre si mesmo e sobre os outros".

Vale determo-nos por um instante no caso paradigmático de Georgette, que, segundo os autores da monografia de La Borde, constitui uma espécie de "mito fundador".[62] De origem modesta, inicialmente funcionária de serviços, Georgette acabou se tornando monitora. Ora, antes disso ela já realizava cuidados do dia a dia, a tal ponto que pode-

---

61 Com a exceção notável e problemática dos médicos. Um sintoma que adquirirá, ao que parece, uma amplitude catastrófica com a morte de Guattari. Os médicos fazem então sua contrarrevolução e criam sua "sociedade" – a sociedade dos médicos: um dispositivo legal e contratual implantado na instituição. Ocupados em produzir "procedimentos" – como no âmbito da medicina liberal –, eles se excluem da instituição. Seu estatuto de exceção (financeiro, imaginário, simbólico) recuperado é muito mais coercivo numa instituição em que todos os outros membros são "monitores". A maioria dos psiquiatras da psicoterapia institucional atual, organizados com base nesse modelo, parece ter renegado a questão marxista, se é que ainda a compreendem.
62 C. Dardy et al., "Histoires de La Borde", op. cit., pp. 161-74.

ria ter sido confundida com uma enfermeira. Os autores da monografia se perguntam: "Georgette inserida em um novo campo de grupo? Ou Georgette instaurando ela própria um novo campo nas divisões do trabalho? Georgette símbolo de uma mutação, resumo do que se transforma? Ou Georgette falso problema?".[63] Na realidade, desde 1953, "a interpenetração dos serviços" mais ou menos oficiosa e espontânea é bem presente... e não é só com Georgette: "Ariane desce da rouparia para os ateliês; a senhorita Paupinel, modelo da boa enfermeira, costura; Lelond, que faz essencialmente oficinas de desenho, encarrega-se também da enfermaria; Seito passa do galinheiro à farmácia...".[64] A revogação oficial da diferença entre as profissões de cuidados, nobres, e as consideradas subalternas vinha então ratificar um modo de funcionamento anterior amplamente testado; não era fruto de uma decisão imposta de maneira heterogênea por uma direção revolucionária. Na ocorrência, essa decisão já estava em parte subjetivada pelos membros da instituição: foi eficaz porque muitos a desejavam. O mesmo ocorre com antigos pacientes que em seguida – porque haviam melhorado e se revelavam competentes – se tornaram monitores psiquiátricos assalariados. E assim uma rotatividade das tarefas foi oficialmente estabelecida.

No elã dessa dinâmica institucional, novos grupos analíticos são criados em La Borde. Grupos de fala atendentes/atendidos têm como objetivo explícito a análise do imaginário institucional, o que supõe certo número de extensões em relação à psicanálise clássica. Não é que ela ocorra "sem divã", para retomar a expressão de Racamier, mas, antes, ela enfrenta a questão da fantasia de grupo e de sua relação com o sujeito. A contribuição de Guattari aqui é decisiva.

---

63 Ibid., p. 165.
64 Ibid.

A questão da fantasia de grupo em Guattari

Como Freud e Lacan haviam observado, os grupos estabelecem rituais e derivam sua operatividade da relação dos membros com o líder, que vem ocupar o lugar do ideal do ego. Para Guattari, no entanto, os grupos não são somente fantasiados porque protegem seus sujeitos contra uma angústia constitutiva, relativa a uma situação de desamparo infantil, graças a um substituto da imagem do pai. O Outro e as figuras necessárias ao sujeito não são apenas míticos: esse fantasiar revela igualmente uma função política. Ainda que ela proteja o sujeito da angústia, também consiste em relegar à obscuridade a condição social dele, que ela contribui para fabricar. Por exemplo, num grupo profundamente alienado como o hospital, o "conjunto deformante de imagens" simbolicamente sobredeterminado que acolhe o neurótico, bem como o doente psicótico, permite ao primeiro encontrar "a ocasião inesperada de um reforço de seu narcisismo, enquanto o psicótico poderá continuar a se dedicar em silêncio a suas sublimes paixões universais".[65] O desconhecimento da fantasia de grupo "protege" seu sujeito de uma "tomada de consciência" de sua própria condição, mas reforça também sua identificação narcísica com o que a sociedade "espera" dele. Em outros termos, a operação de assujeitamento só é possível quando o próprio sujeito participa imaginariamente da manutenção desse desconhecimento do caráter simbólico da fantasia de grupo. E ele o faz de maneira ainda mais deliberada porque essa fantasia, por sua vez, distribui os lugares de cada um no grupo, nos quais o sujeito "vai querer" se alojar. Assim, o sujeito pode se ver como o chefe, o médico ou o doente:

> [O fantasiar individual] tenta [...] incorporá-lo [o nível simbólico da fantasia de grupo] a si e recobri-lo de elementos ima-

---

65 F. Guattari, *Psicanálise e transversalidade*, op. cit., p. 114.

ginários singulares que vêm aninhar-se de modo bem "natural" nos diferentes papéis [...]. Com o pretexto da organização, da eficácia, do prestígio, ou, de igual forma, da incapacidade, de não qualificação etc., essa "corporificação imaginária" de certo número de articulações significantes do grupo leva à cristalização do conjunto da estrutura, entrava suas capacidades de remanejamento, dá-lhe seu próprio rosto e seu "peso paquidérmico", limitando na mesma proporção suas possibilidades de diálogo com tudo aquilo que tenda a questionar suas "regras do jogo", em suma, reúne as condições de seu deslizamento rumo àquilo que demos o nome de grupo-sujeitado.[66]

Essa imaginarização do sujeito, que projeta inconscientemente as coordenadas de seu ego sobre o grupo para assim se apropriar deste e neste se situar segundo as contingências de sua história e as determinações sociais, faz do fantasiar um dos operadores psíquicos da alienação. Mesmo que a realidade social do caso tivesse passado despercebida a Freud "com toda inocência" conforme um "deslizamento de plano" (posto que ele ignorava a dimensão política da função repressiva da fantasia, relacionando-a primeiro a um problema de psicologia individual), ele nos levava, entretanto, nos diz Guattari, "a pistas talvez mais seguras que toda outra".[67] Aliás, é por isso, segundo ele, que "essa mudança e essa libertação só [podem] ocorrer fora da psicanálise".[68] Com efeito, a determinação do grupo-sujeitado afeta seus sujeitos apenas de maneira abstrata e exterior – em sua função, seu estatuto –, mas tende a uma "totalização" que é preciso "fazer oscilar".[69] As imagens, os símbolos, as representações conscientes e inconscientes que os sujeitos fazem deles próprios, dos outros e do grupo não são independentes de suas condições sociais concretas sobredeterminadas em fantasia. É exatamente esse fanta-

---
66 Ibid., p. 107.
67 Ibid., p. 128.
68 O que será retomado com Deleuze em *O anti-Édipo*, op. cit., p. 113.
69 F. Guattari, *Psicanálise e transversalidade*, op. cit., p. 69.

siar simbólico de grupo específico a determinada situação que devemos analisar: "Pode ocorrer de esta ou aquela fantasia, cuja origem é um indivíduo ou grupo específicos, vir a se tornar uma espécie de moeda coletiva, que ela seja posta em circulação e sirva de suporte [ao fantasiar] do grupo".[70]

Essa análise é tanto mais necessária, segundo Guattari, porque os grupos-sujeitados não concernem apenas às situações extremas, como as ditaduras ou as seitas, mas também à sociedade contemporânea e a suas instituições, como o hospital – em que alguns serviços chegam a constituir verdadeiras ditaduras em miniatura. E, a menos que se queira subscrever ao pessimismo antropológico tardio de Freud e a uma concepção desconfiada dos grupos e das massas, que seriam por "natureza" sujeitados, o analista não pode ficar em seu consultório, debruçado sobre o modelo "contratual burguês" do tratamento clássico. Aliás, como militante revolucionário, Guattari beneficia-se de um conhecimento totalmente diverso dos grupos e das massas, e experimentou repetidas vezes esses casos em que a multidão não é aquela massa cega descrita por Gustave Le Bon ou presente em certos textos de Freud. O que se passa, afinal, nesses momentos de solidariedade coletiva e de atenção mútua, no nível dos fenômenos inconscientes e da circulação dos afetos? O grupo, em vez de dissolver o sujeito, não poderá, ao contrário, precipitá-lo, revelá-lo? Não se pode constatar "efeitos subjetivos" em alguns desses grupos? É a partir de sua própria experiência política direta da emancipação que Guattari aprofunda a investigação psicanalítica.

Longe de limitar sua análise descritiva a fenômenos de identificação com o líder – procedimento que não raro permite ao analista simplesmente rejeitar a política e, por extensão, reduzir qualquer grupo ao assujeitamento de seus sujeitos –, Guattari interroga-se sobre uma subjetividade de grupo emancipada. Indo além de Freud e Lacan,

---

70 Ibid., p. 218.

Guattari enfoca a análise na questão da possibilidade de grupos não sujeitados. No contexto do tratamento, Lacan, que nessa época era analista de Guattari, distingue a fala vazia – discurso sem fala do qual o sujeito se ausenta – da fala plena, em que o sujeito pode assumir seu desejo e sua verdade para se transformar.[71] Guattari se apropria do problema da verdade e do desejo tais como definidos então no tratamento típico para transpô-los ao âmbito do grupo. Ele então se pergunta: em que condições uma fala plena do sujeito, no sentido entendido por Lacan, pode se produzir dentro do grupo? Guattari, que pôde observar tal fala em suas inúmeras experiências de grupos, apresenta então a hipótese de que existem também grupos-sujeitos, isto é, grupos que permitem ao sujeito revelar a si mesmo. A questão passa a ser, portanto, a de saber como fazer advir ou favorecer o surgimento desses grupos emancipadores. É o que está em jogo no que Guattari chama de transversalidade na psicanálise, que podemos definir como a atualização de uma prática analítica renovada na instituição: uma prática que visa transformar os sujeitos e suas relações junto com as estruturas sociais nas quais eles se apoiam, favorecendo as condições institucionais que poderão precipitar o advento dos grupos-sujeitos.

O objeto da psicanálise: do "objeto a"...

É a partir dessa concepção política e grupal do desejo que Guattari, na esteira de Reich, enfrenta uma ideia corrente herdada da tradição marxista, segundo a qual o poder "mente" à consciência dos proletários para alcançar seus fins de dominação. Não, as massas não tinham sido enganadas, elas tinham desejado o fascismo e seu Führer. A História regurgita de exemplos em que o desejo do sujeito se

---

71 Jacques Lacan, "Função e campo da fala e da linguagem em psicanálise" [1956], in *Escritos 1*, trad. Vera Ribeiro. Rio de Janeiro: Jorge Zahar, 1998.

voltou contra ele. Pense-se no camicase, cujo desejo consiste em um assujeitamento social total que culmina na própria morte. Ou ainda naquele auditório aquiescendo unanimemente, com furor entusiasta, à proposta de Goebbels de proclamar a "guerra total" em 1943.[72] Evidentemente, esse desejo mortífero que estrutura os grupos-sujeitados é, para a análise, não mais que o "embuste" do desejo. Nessas formações sociais saturadas de imagens de obediência, toda "fala/palavra" [*parole*] "torna-se palavra de ordem". As imagens, os símbolos, as representações conscientes e inconscientes que os sujeitos fazem deles próprios, dos outros e do grupo tendem a reificar seus membros. Sob o efeito esmagador do superego, os sujeitos do grupo-sujeitado, assim como suas fantasias individuais, são muito pouco consistentes. Formam um só corpo com o grupo, "não têm fundamentalmente outra corporeidade que não a do grupo, e [...] não é por acidente que se encerram no 'corpo próprio' – ficção alienante e derrisória, fundamento de um indivíduo perseguido pela solidão e pela angústia da parte de uma sociedade que, precisamente, desconhece e reprime o corpo real e o desejo".[73] A fragilidade psíquica do sujeito em sua relação com o grupo-sujeitado é tal que seu próprio corpo corre o risco de não passar de uma "ficção derrisória". O grupo reprime o corpo real e o desejo singular. O que isso significa?

---

72 Essa ideia, aliás, é objeto de pesquisas historiográficas recentes. Contra a interpretação da "banalidade do mal" de Arendt ou as explicações dos historiadores que relativizam a adesão dos alemães aos massacres mediante a dissolução da responsabilidade nas cadeias de comando, Johann Chapoutot defende a ideia de que o ato de matar "inscreve-se numa narrativa e num projeto", e que "responde a angústias e esperanças". Existe um "universo mental no qual os crimes do nazismo têm lugar e fazem sentido", o que permitiu que milhões de alemães "médios" (que não faziam parte das ss) efetuassem e assumissem orgulhosamente muitos atos e perseguições especialmente terríveis. Essa perspectiva faz lembrar a análise reichiana sobre o fascismo e o desejo das massas. Johann Chapoutot, *La Loi du sang: penser et agir en nazi*. Paris: Gallimard, 2014, p. 16.
73 F. Guattari, *Psicanálise e transversalidade*, op. cit., pp. 218-19.

Vimos que o sujeito é tanto mais frágil porque o superego grupal exige a submissão de seus membros a fim de totalizar a força de cada um para constituir seu império. Ele não extrai seu poder da simples força de suas insígnias. E se essa despossessão/alienação toca no mais íntimo do sujeito, é porque ela se refere não somente a sua imagem mas também a seu gozo. O grupo está conectado nos próprios corpos de seus sujeitos, que ele submete a sua lei imaginária, mas, por sua vez e como que por compensação, há um forte gozo do sujeito em pertencer a essa ordem grupal. Como escreveriam depois Guattari e Deleuze:

> Uma forma de produção e de reprodução sociais, com seus mecanismos econômicos e financeiros, com suas formações políticas etc., pode ser desejada [...]. Nada tem a ver com metáfora, nem mesmo com metáfora paternalista, a constatação de que Hitler suscitava tesão nos fascistas. Não é metaforicamente que uma operação bancária ou da bolsa, um título, um cupom, uma nota de crédito, dão tesão também a pessoas que não banqueiros. E o dinheiro germinador, o dinheiro que produz dinheiro? Há "complexos" econômico-sociais que também são verdadeiros complexos do inconsciente, e que comunicam uma volúpia de alto a baixo em toda sua hierarquia (o complexo militar-industrial).[74]

Essa questão do gozo do sujeito fora elaborada desde os anos 1950 por Lacan em seu seminário – ao qual Guattari assistia – a respeito do registro do real, investigação que ele aprofundaria até o fim de seu ensino. Para Lacan, mesmo o pensamento claro e distinto do filósofo se sustenta por um gozar, daí sua transliteração do *"je suis"* de Descartes para *"je souis"*.[75] Além das imagens e das palavras, além do imaginário e do simbólico, outro registro se articula para

---
74 G. Deleuze e F. Guattari, *O anti-Édipo*, op. cit., p. 143.
75 J. Lacan, "A terceira" [1974]. *Opção Lacaniana*, n. 62, pp. 11-34, dez. 2011. [*"Je souis"*, palavra-valise lacaniana formada de *je suis* (eu sou) + *je jouis* (eu gozo). (N. T.)]

estruturar o sujeito: o do real com seu gozo. Lacan identifica inicialmente esse registro nas primeiras relações indistintas do *infans* com o Outro materno – o que Freud, em *Projeto para uma psicologia científica*, chama de "Coisa" (*das Ding*) –, ou seja, o corpo materno que escapa a todo julgamento possível por parte do pequenino que não fala. Esse domínio da coisa (que durante algum tempo Lacan nomeará "l'*a*chose", numa só palavra) é também o dos primeiros gozos não representáveis de um filhote humano indiferenciado de seu ambiente. Lacan extrai daí o que ele chama de objeto *a*. Sem se confundir com a coisa – da qual ele traz a marca –, o objeto *a* vem tomar seu lugar, como seu substituto. Não representável (só é possível apreendê-lo em forma de "objetos parciais" do corpo: o objeto da sucção – o seio –, o objeto da excreção – as fezes –, a voz, o olhar),[76] o objeto *a* é a causa do desejo do sujeito por ser vetor de sua fantasia e de suas representações. Colocando o sujeito em posição de "exclusão interna a seu objeto", o objeto *a* excede a lógica simbólica e imaginária ao mesmo tempo que permite sua articulação.

Para Guattari, a pertinência da análise de Lacan a respeito da função do objeto *a* daria conta precisamente do desejo do sujeito nos grupos. Ele de fato distingue uma dialética das relações imaginárias do sujeito com o grupo sob a relação dos objetos parciais: é ela que condiciona a operatividade dos grupos-sujeitados e a eficácia de sua fantasia. Se o sujeito se subordina à fantasia de grupo, é porque transfere seus objetos parciais para ele: "Essa corporificação da fantasia individual no grupo, ou essa prisão do indivíduo à fantasia de grupo, *transfere* para o grupo o efeito virulento de seus objetos parciais, o objeto *a*, que Lacan descreve sob a espécie do objeto oral, anal, da voz, do olhar etc., regi-

---

76 A psicanálise reconhece aqui uma série que dá conta do corpo em suas partes destacáveis (a voz, o olhar, o seio, as fezes), ou seja, a de um mundo fragmentado em que o filhote humano ainda não tem acesso à representação do próprio corpo, em que o "objeto *a*" trará a marca que a fantasia virá encobrir.

dos pelo conjunto da função fálica".⁷⁷ O grupo encontra sua operatividade real a partir dos objetos parciais dos sujeitos que ele molda. Fragmentos do corpo não representáveis, é deles e de sua virulência arcaica que a fantasia de grupo tira sua força. Por trás da atração de sua imagem fálica e agalmática (a imagem substituta do pai, por exemplo), pululam os objetos parciais que ele desvia a seu favor. A repressão que o grupo exerce sobre seus sujeitos provém do açambarcamento que ele faz do aparelho pulsional. A alienação do sujeito pelo grupo é, pois, "totalizante": não é menos imaginária do que real e igualmente simbólica, ainda que em proporções diferentes. De resto, os símbolos do grupo-sujeitado são pobres e caricaturais – pensemos nos dos nazistas –, e essa pobreza simbólica explica ainda mais a fragilidade imaginária do sujeito, visto que as exigências de seu corpo real e pulsional são exacerbadas.

Guattari aponta que os processos neuróticos, e até mesmo paranoicos, que acompanham "os extraordinários fenômenos de burocratização que surgiram no partido bolchevique [...] são tanto mais violentos quanto mais exigentes as pulsões que estão em sua base".⁷⁸ Os grupos-sujeitados são, portanto, fundamentalmente instáveis, em razão da clivagem que operam em seus sujeitos: "a identificação com as imagens privilegiadas do grupo nem sempre é pacífica; as insígnias do grupo remetem a pulsões narcísicas e mortíferas que é difícil delimitar".⁷⁹ "O ideal" do grupo-sujeitado, devido à imposição de sua lei unívoca, exacerba as tensões intrapsíquicas de seu sujeito. Isso significa que, constitutivamente, o poder do grupo é também sua fraqueza. O real do corpo e das pulsões vem perturbar a lei totalitária e imaginária do grupo. Ora, é precisamente em razão dessas clivagens – que podem ser analisadas – que o grupo-sujeitado "pode até ver-se privado de sua representação imaginária corporificada".⁸⁰

---

77 F. Guattari, *Psicanálise e transversalidade*, op. cit., p. 219.
78 Ibid., p. 208.
79 Ibid., p. 218.
80 Ibid.

... ao "objeto b"

Mas seria possível aprofundar a análise e, à maneira do objeto *a* como vetor da fantasia, levantar a hipótese de que existia um objeto real de grupo por trás da fantasia de grupo? Oury evoca essa questão do "objeto real de grupo" e a remete a Lacan: "Eu tinha falado sobre isso com Lacan na época; possivelmente não o objeto *a*, mas talvez o objeto *b*... Por que não?, ele me respondeu, ao mesmo tempo sublinhando a extrema dificuldade...".[81] É precisamente nessa investigação que se lançarão Deleuze e Guattari em *O anti-Édipo*, em 1972. Como escreveria Deleuze, *das Ding*, a coisa, não devia ser compreendida como constitutiva de um sujeito isolado, mas como o real de "um corpo social que serve de base a potencialidades latentes"[82] que formam o sujeito. Sem prosseguir na exposição teórica dessa pista, nós nos limitaremos aqui a tirar daí algumas conclusões para a técnica analítica.[83]

Ao revelar o objeto real, suporte da fantasia e causa do desejo, torna-se possível fazer a análise das "falsas janelas" das fantasias de grupo:

> teremos de decifrar fenômenos que tendem a levar o grupo a voltar-se para si mesmo – as *leaderships* –, as identificações, os efeitos de sugestão, as rejeições, os bodes expiatórios etc., tudo o que tende a promover uma lei local e formações idiossincráticas, com seus interditos, seus ritos e assim por diante, tudo aquilo que tende a proteger o grupo, a torná-lo infenso às tempestades significantes, tempestades cuja ameaça é sentida como vinda do exterior mediante uma operação específica de

---

81 Post-scriptum de Jean Oury, in F. Guattari, *De Leros à La Borde*. Paris: Lignes, 2012, p. 89.
82 G. Deleuze, "Três problemas de grupo" [1972], trad. Cíntia Vieira da Silva, in *A ilha deserta e outros textos: textos e entrevistas (1953-1974)*, trad. Luiz B. Orlandi et al. São Paulo: Iluminuras, 2008, p. 251.
83 Remetemos o leitor aqui a nossa obra anterior: *L'Héritage politique de la psychanalyse*. Paris: La Lenteur, 2018.

desconhecimento que consiste em produzir as espécies de falsas janelas que são as fantasias de grupo.[84]

A partir dessa verdadeira travessia das fantasias de grupo, o sujeito pode se desprender do grupo-sujeitado em prol de um novo tipo de grupo no qual sua fala torna-se, ao contrário, constitutiva. Guattari assim o descreve: "Está-se no grupo não para se esconder do desejo e da morte, comprometido num processo coletivo de obsessão, mas devido a um problema específico, não por toda a eternidade, mas a título transitório: é o que chamei de estrutura de *transversalidade*".[85] De maneira oposta à dos grupos-sujeitados, que são, por exemplo, os grupos religiosos, observa-se aqui a dinâmica agnóstica que constitui os grupos-sujeitos: o Outro que constitui o grupo não é mais absolutizado. É precisamente isso que confere aos grupos-sujeitos maiores possibilidades quanto à suspensão dos impasses sintomáticos individuais e ao surgimento de uma subjetividade não sujeitada. O sujeito pode se defrontar com seu desejo na experiência mesma do grupo, pode falar sobre ele, mais do que ser falado por ele, "ter acesso [por meio disso] ao 'para--além' do grupo que ele interpreta mais do que manifesta".[86] Ele pode criticá-lo sem ser negado por ele.

Para concluir, se os grupos-sujeitados podem ser modificados, se o assujeitamento subjetivo e inconsciente pode ser analisado – e em parte suspenso – pela análise das fantasias, a situação social e seu sujeito também podem mudar. O grupo-sujeitado recebe sua lei a partir do exterior e "pode-se sempre esperar refúgio em suas estruturas de ignorância". Porém, "tão logo o grupo se torna sujeito de seu destino, tão logo assume sua própria finitude, sua própria morte, os elementos de acolhimento do superego são alterados, o limiar do complexo de castração, específico de

---

84 F. Guattari, *Psicanálise e transversalidade*, op. cit., p. 76.
85 Ibid., p. 78.
86 Ibid., p. 114.

uma ordem social dada, pode ser alterado localmente".[87] A "entrada no circuito" de um novo "tipo de complexo de castração articulado com exigências sociais distintas" esvazia a influência do superego: emerge "a aceitação de ser 'questionado', de ser posto a nu pela fala/palavra do outro, certo estilo de contestação recíproca, de humor".[88] Em outros termos, não é o destino da fantasia fracassar no impasse do grupo-sujeitado, ao contrário: não há assujeitamento senão por falta de análise. Asseguremos que há nessa perspectiva os elementos de um *modus operandi* essencial para qualquer prática futura verdadeiramente revolucionária. Em todo caso, é essa a empreitada explícita a que se lançam os membros do Centro de Estudos, Pesquisas e Formação Institucional (Cerfi) na clínica de La Borde, quando procuram interpretar seus modos de ação, de luta e de intervenção de maneira reflexiva, *in situ*.[89]

---

87 Ibid., p. 78.
88 Ibid., p. 115.
89 Trata-se do coletivo de pesquisas criado por Guattari e vários monitores que trabalhavam em La Borde, e autores, entre outros, da monografia sobre La Borde.

[6] RENOVAÇÃO DA PSICANÁLISE REVOLUCIONÁRIA NA ALEMANHA: A EXPERIÊNCIA DE HEIDELBERG

No fim dos anos 1960, uma teoria e uma prática psicanalíticas engajadas surgem dentro da psiquiatria alemã. A experiência se passa em Heidelberg. Assim como no caso do movimento francês, sua inscrição no marxismo revolucionário traduz a vontade de continuar as lutas do pós-guerra pela emancipação. Mas na República Federal da Alemanha (RFA), tal programa implica, para os militantes de então, enfrentar o espectro do Terceiro Reich que ainda assombra o país. A burocracia nazista tinha implantado uma campanha sistemática de assassinato de doentes mentais e físicos que prefigurou o massacre dos judeus.[1] E sabemos hoje que, depois da guerra, os principais quadros intermediários das instituições do regime nazista foram comodamente reconduzidos a suas funções, sob o pretexto da luta anticomunista.[2] Era precisamente esse o caso da psiquia-

---

1 Michael Tregenza, *Aktion T4: Le Secret d'État des nazis: l'extermination des handicapés physiques et mentaux*. Paris: Calmann-Lévy, 2011.
2 Alfred Wahl, *La Seconde histoire du nazisme dans l'Allemagne fédérale depuis 1945*. Paris: Armand Colin, 2006.

tria universitária em Heidelberg, onde diversos médicos que haviam participado de crimes de eutanásia durante o nazismo continuavam atuantes. No fim dos anos 1960, ao menos quatro médicos eram antigos ss.[3] Eis o que explica, talvez em parte, por que o Sozialistisches Patientenkolletiv (SPK), o Coletivo Socialista de Pacientes de Heidelberg, foi reprimido com muito mais brutalidade que qualquer iniciativa similar nos outros países europeus. Seus membros serão presos e torturados.[4]

Mas podemos também nos perguntar, com Guattari, se a violência e a obstinação do poder alemão contra o SPK não seriam apenas proporcionais a seu temor diante da consistência crítica e da rápida ampliação do alcance político do coletivo de Heidelberg: "Algo completamente novo se produziu, e constitui uma saída da ideologia e a passagem a uma verdadeira luta política. Pela primeira vez, a luta psiquiátrica ocorreu na rua, no bairro, na cidade inteira. Como em 22 de março em Nanterre, o SPK se mobilizou por uma luta real, e a repressão não se enganou!".[5] Uma boa razão para se interessar hoje pela experiência do SPK, pouco conhecida fora da Alemanha.

O contexto político do nascimento do SPK

O coletivo se constitui no fim dos anos 1960 no interior de um serviço psiquiátrico intra-hospitalar normal da policlínica [*polyclinique*][6] da Universidade de Heidelberg. Reúne

---

3 Christian Pross, Sonja Schweitzer e Julia Wagner, *"Wir wollten ins Verderben rennen": die Geschichte des Sozialistischen Patientenkollektivs Heidelberg*. Köln: Psychiatrie Verlag, 2016.
4 "Dossier: Les prisonniers politiques ouest-allemands accusent". *Les Temps Modernes*, n. 332, 1974.
5 Félix Guattari, *La Révolution moléculaire*. Paris: Les Prairies Ordinaires, 2012, p. 271 [ed. bras.: *Revolução molecular*, trad. Suely Rolnik e Larissa Drigo. São Paulo: Ubu Editora, no prelo].
6 À diferença das policlínicas de Freud, clínicas ambulatoriais públicas integradas à cidade, o autor refere-se aqui aos centros de

doentes e médicos, mobilizados pelo dr. Wolfgang Huber. Este, oriundo de uma família modesta, cresceu num vilarejo do sul da RFA. Financiou seus estudos trabalhando em uma fábrica e graças a uma bolsa; em 1964, começou sua carreira como assistente do professor Walter von Baeyer em Heidelberg. Desde sua chegada à policlínica [*polyclinique*], Huber contribui com o dr. Dieter Spazier para a construção de um centro de acolhimento de estudantes, ao constatar que o número de pacientes estudantes havia aumentado bastante: de 85, em 1964, para 200, em 1968. Atento ao mal-estar dos jovens, ele simpatiza com sua causa, participa de manifestações, colóquios militantes e grupos de trabalho críticos na universidade.

Ainda que assombrada pelo espectro do nazismo, que segue sendo um tabu, a universidade é nessa época o palco de uma intensa reforma, impulsionada em especial pelo professor Von Baeyer, que há uma década vem insuflando uma renovação no âmbito da psiquiatria. Como na maior parte dos países europeus, em Heidelberg estão em curso mudanças progressistas: a clínica foi aberta; as grades, eliminadas; os setores separados para homens e mulheres, abolidos. No entanto, o poder antigo ainda está bem enraizado: segundo Christian Pross, autor de uma monografia sobre o SPK, duas psiquiatrias coexistiam de maneira conflituosa. As revoltas estudantis da década de 1960 precipitam e cristalizam esse conflito não resolvido, particularmente em torno do SPK.

Huber vê-se rapidamente encarregado de uma grande maioria dos pacientes da policlínica [*polyclinique*]. Ele tenta pôr em prática uma terapia nova, crítica do poder psiquiátrico. A ideia é, entre outras coisas, diminuir a distância entre o doente e o médico, mas também desmascarar a ideologia da saúde em que a psiquiatria está investida.

---

saúde polivalentes, públicos ou privados, que reúnem profissionais da saúde de diferentes especialidades. Em francês, essa diferença se expressa na terminologia, *policlinique* × *polyclinique*, respectivamente. [N. E.]

Para tal, o SPK reivindica uma continuidade com as teorias aplicadas por Wilhelm Reich e se inspira na antipsiquiatria. Tendo diagnosticado o fracasso do movimento proletário, o coletivo procura estender o alcance da análise marxista a domínios que ela até então havia negligenciado, e que para seus membros são essenciais à realização de qualquer intento revolucionário: o objetivo é levar mais longe a teoria marxista graças à contribuição freudiana.

A constelação teórica do SPK

Marx mostrara que o homem, obrigado a vender sua força de trabalho, era assim espoliado do produto de seu labor e alienado em relações sociais que acabavam por lhe parecer relações objetivas entre as coisas. Ele observava que, no capitalismo, os produtos do trabalho transformados em mercadorias tornavam-se como que autônomos. Adquiriam um caráter místico que não resultava de seu valor de uso, mas de sua forma mercadoria. Desse processo, que ele chama de "fetichismo da mercadoria", resultava uma "falsa consciência" dos trabalhadores, que atribuíam aos produtos do trabalho qualidades que estes não tinham e as quais mascaravam a realidade das relações humanas de dominação e de exploração.

Na profusão política dos anos 1960-1970, a teoria do fetichismo da mercadoria de Marx suscita um interesse renovado, inclusive nos meios analíticos. Na França, Lacan refere-se a ela e até a prioriza em detrimento da teoria do fetichismo de Freud; ele nota que a mais-valia consiste primeiramente em um "mais-de-gozar".[7] Desse modo, e ainda que não a reclame para si, à diferença de Reich, ele desloca a questão da alienação marxista e da "falsa consciência" para um campo que ao mesmo tempo as transborda e as esclarece: o das relações entre o inconsciente e o gozo. Esse

---

7 Jacques Lacan, *De um discurso que não fosse semblante* [1971], in *O seminário*, v. 18, trad. Vera Ribeiro. Rio de Janeiro, Zahar, 2009.

problema é também o de Guattari, que desenvolve suas teses a partir de sua leitura cruzada de Lacan – de quem ainda é discípulo – e de Reich. É preciso destacar, enfim, que essas elaborações teóricas entre os analistas são contemporâneas de um período político intenso, marcado na maioria dos países europeus pela chamada revolução sexual e pela renovação dos movimentos políticos revolucionários no seio da juventude e dos meios proletários. A redescoberta dos trabalhos de Reich nessa conjuntura histórica tão particular do fim dos anos 1960 – que ressoava em muitos aspectos com a dos anos 1920-30 – era tudo menos um acaso.

Recordemos: nos anos 1930, Reich politizara a questão sexual com o objetivo de impedir que as massas sucumbissem ao nazismo, de modo que realizassem sua revolução, a revolução comunista. De modo mais geral, ele chegara à conclusão de que era preciso politizar a vida sexual: a alienação em que as massas se encontravam efetivamente concernia a mil e um aspectos de sua vida íntima e diária, e a mera apresentação teórica da exploração capitalista do trabalho, da qual eram vítimas, não seria suficiente para a tomada de consciência ("de classe") necessária para realizar a revolução. Além disso, Reich fizera a crítica da regressão stalinista e mostrara que uma revolução que se declarava comunista podia transformar-se em seu oposto. Desse ponto de vista, o nazismo e o stalinismo, assim como o modelo burguês capitalista, apresentavam, para além de suas diferenças inegáveis, muitos aspectos reacionários em comum que mantinham as massas sob dominação. Na perspectiva revolucionária apontada pela psicanálise, o objetivo já não era somente reconquistar os produtos do trabalho, mas também romper com as relações mercantis e contratuais que o fixavam ao gozo capitalista feito de falsas necessidades.[8] Afinal,

---

8 Convém, portanto, atrelar-se a uma tarefa de autotransformação dos sujeitos tanto quanto a uma transformação das estruturas materiais de que eles dependem. Lacan, obviamente, não vai tão longe. O sujeito não pode ser "libertado", pois sua alienação é acima de tudo linguística: sem semblante, ele só pode "errar". É só por

mesmo quando o sujeito não trabalhava, suas verdadeiras necessidades eram desviadas para sucedâneos de desejos que reforçavam o processo de dominação. Assim, a concepção marxista por si só não bastava para explicar o processo de alienação que ela se propunha a descrever – e desfazer. O analista podia, de seu próprio ponto de vista, elucidar os operadores psíquicos do fetichismo da mercadoria e de sua falsa consciência. Podia também indicar o caminho e os meios psicanalíticos pelos quais era possível se emancipar desses operadores. No momento de contestação e despertar político dos anos 1960 e 1970 na Alemanha, Wilhelm Reich sai do esquecimento. Como na França, suas ideias voltam a circular; o SPK se propõe de alguma forma a continuar o programa reichiano de politização da vida cotidiana a partir de seu lugar próprio, a medicina.

Reich entre os médicos

O SPK não tem como única perspectiva criticar a psiquiatria ou praticar uma antipsiquiatria, e sim, de modo mais geral, na linhagem reichiana, politizar a questão da doença para além da simples psiquiatria. No decorrer da década de 1970, sua ambição o distingue de outras experiências da mesma ordem que não tiveram os mesmos efeitos políticos de contágio revolucionário. Essa orientação radical é defendida num manifesto publicado na França em 1973 pelas edições Champ Libre – editora que traduz na mesma época um livro de Reich – sob o título *Fazer da doença uma arma*. O mesmo texto tinha circulado desde 1972 em forma de folheto, em alemão e em francês, acompanhado de um prefácio de Jean-Paul Sartre. Nele, o filósofo apresentava a exposição do SPK como uma simples homologia entre alienação social e doença mental. Embora defendesse a inicia-

---

homologia que Lacan subscreve à teoria do fetichismo, vinculando-a ao funcionamento da linguagem. Aqui, ele permanece nas coordenadas de uma análise estruturalista. Nem sempre esse é o caso.

tiva política do SPK, permanecia hostil à psicanálise, e não percebia a radicalidade e a determinação psicanalítica-política de que o coletivo dava prova; ele considerava a posição do SPK como uma enésima "antipsiquiatria radicalizada". Ora, toda a originalidade da concepção do SPK reside nos fatos de que ele excede a psiquiatria e a antipsiquiatria, e de que defende a tese segundo a qual o processo essencial da alienação se enraíza na doença em geral, assim como na medicina encarregada de tratá-la.

O SPK leva, então, a crítica política muito mais longe que a análise marxista clássica. Os verdadeiros lugares de produção da alienação se encontrariam onde se pensava estar lidando apenas com puras causalidades orgânicas, e em uma ciência – a medicina, *a priori* não política. Contraintuitiva e radical, essa tese lança nova luz sobre setores da sociedade que talvez aparentassem ser completamente neutros, fora da *polis*. O que há de político, afinal, na ciência médica que trata das doenças que acometem o homem em seu corpo? Ao questionar na raiz a medicina e seus dispositivos, a saúde e sua ideologia, a doença e seus sintomas, o SPK mostra que se trata, ao contrário, de domínios privilegiados que merecem uma severa crítica materialista, aprofundada pela contribuição psicanalítica: "Em consequência desse enfoque reichiano e de sua elaboração histórico-materialista, a doença foi concebida no SPK como contradição dentro da vida, como vida quebrada em si mesma".[9] Um novo campo se abria à investigação, relativo a uma *política dos corpos doentes*.

O SPK baseia-se especialmente nos trabalhos de Frantz Fanon. Este havia observado, durante a luta pela libertação na Argélia, o desaparecimento em pacientes, antigos colonizados, de sintomas psiquiátricos e somáticos, como úlceras ou deformações da coluna vertebral.[10] Esses casos

---

9   SPK, *Fazer da doença uma arma* [1973], trad. Felipe Shimabukuro. São Paulo: Ubu Editora, no prelo, cap. 5.
10 Ibid., cap. 6 (nota); ver Frantz Fanon, *Os condenados da terra* [1961], trad. Ligia Fonseca Ferreira e Regina Salgado Campos. São Paulo: Zahar, 2022.

descritos por Fanon, de sujeitos cujos corpos traíam os sintomas da repressão política colonial, são paradigmáticos para o SPK: além da "doença mental" em si, parece que toda doença, com seus sintomas, está indissoluvelmente ligada ao sistema capitalista. Nesse sentido, todo médico e, de modo mais geral, qualquer pessoa que "se ocupa seriamente de sintomas" tem forçosamente "que lidar com a violência da sociedade capitalista".[11] O SPK opõe-se frontalmente à neutralidade da ciência médica. Antes de ser um fato orgânico, a doença e seus sintomas são um fato político, até mesmo o fato político por excelência. Portanto, é preciso repensar a própria concepção da saúde em um regime capitalista, do mesmo modo que é preciso explicar como e por que os atores da área médica, tanto quanto seus pacientes, desconhecem o processo de alienação política a que são submetidos. Mas, antes de chegar aí, veremos que as constatações clínicas radicais de Fanon, por sua vez adotadas pelo SPK, encontram uma explicação na concepção marxista da pulsionalidade tal como Reich a propusera.

Pulsão parcial, valor de troca e doença

> O comportamento de cada um é determinado, assim, por tendências sadomasoquistas, angústia neurótica, processos específicos de identificação com figuras de liderança e autoridade, e tendências de perseveração (tendências à inflexibilidade). Reich entende isso como sexualização de moções pulsionais não genitais que produzem, por sua vez, um efeito inverso: já na fase do desenvolvimento da primeira infância impede-se a obtenção da excitação genital, a favor de modos de comportamento orientados por tendências orais de consumo e perseveração anal.[12]

---

11 SPK, *Fazer da doença uma arma*, op. cit., cap. 1.
12 Ibid., cap. 5.

Para o SPK, assim como para Reich, a eficácia do capital sobre seu sujeito deriva essencialmente de um desvio libidinal operado pela educação e por certas instituições burguesas, às quais o SPK acrescenta o aparelho de saúde, atribuindo-lhe uma primazia decisiva. Reich tinha, de fato, mostrado em *Irrupção da moral sexual repressiva* que o surgimento e a consolidação do modo de produção capitalista supõem uma transformação específica da libido.[13] O assenhoramento e a exploração das forças produtivas, assim como a realização de um desígnio de acumulação sem limites, não tinham como surgir historicamente sem implicar profundos transtornos na economia sexual. Reich tinha estabelecido sua gênese e seu funcionamento. Para ele, a economia libidinal do capitalismo consiste em impedir seus sujeitos de realizar a genitalidade e a potência orgástica (tal como é testemunhada nas sociedades tradicionais não capitalistas, como entre os trobriandeses)[14] e em mantê-los em uma economia das pulsões parciais. O SPK retoma a ideia de que o capital tira seu sustento dessa economia pulsional, e propõe uma descrição dela: "As qualidades sexuais específicas, o que inclui desde a constituição biológica até a estrutura da percepção de cada um, são condicionadas pela sexualização das pulsões parciais, cuja ativação é o resultado da concorrência entre aspirações econômicas e aspirações genitais recalcadas".[15]

Aqui, a repressão social em prol das forças econômicas encontra sua correia de transmissão no recalcamento da genitalidade do sujeito. A hipótese de que o capital

---

13 Wilhelm Reich, *Der Einbruch der Sexualmoral: zur Geschichte der Sexuellen Ökonomie*. Kopenhagen: Verlag für Sexualpolitik, 1931 [ed. bras.: *Irrupção da moral sexual repressiva*, trad. Sílvia Montarroyos e J. Silva Dias. São Paulo: Martins Fontes, 1974]. Reich baseia-se aqui no "primeiro Freud", para o qual o recalque ainda não é pensado em relação a uma angústia primeira endógena, independente da repressão.
14 Reich se refere aos famosos estudos de Malinowski: Bronislaw Malinowski, *Sexo e repressão na sociedade selvagem* [1927], trad. Francisco M. Guimarães. Petrópolis: Vozes, 2013.
15 SPK, *Fazer da doença uma arma*, op. cit., cap. 5.

opera entalhando na própria matéria da libido do sujeito e intervém diretamente no inconsciente permite repensar o conceito de alienação determinando seus móbeis clínicos. A operação de assenhoramento do sujeito se efetuaria, pois, num duplo plano. De um lado, a energia da qual a economia tira sua força se originaria no recalque. Este, longe de se reduzir a mecanismos intrapsíquicos, seria o motor graças ao qual a economia faz crescer sua ascendência. De outro lado, se o curso da libido é desviado de seu destino genital e as vias da sublimação são bloqueadas, a expressão libidinal recai sob o domínio das pulsões parciais; e é com estas que o capital compõe para modelar o sujeito de acordo com seus interesses. Assim, o desejo, desviado para sucedâneos de desejos em benefício do capital, pode ser integrado no circuito fetichista da mercadoria, e as escolhas que o sujeito acredita fazer tornam-se libidinalmente sobredeterminadas. É também a economia das pulsões parciais que explicaria o fato de o sujeito permanecer ideologicamente subjugado por desejo próprio. A "falsa consciência" de Marx se produziria, mais profundamente do que ele imaginava, a partir de um desvio do desejo, e o móbil da alienação seria, portanto, sexual.

A teoria marxista do fetichismo é aqui revisada e aprofundada pela contribuição psicanalítica. As relações sociais tornam-se alheias às reais necessidades do sujeito e acabam por lhe parecerem coisas porque são sobredeterminadas libidinalmente pelo capital. A primazia do valor de troca sobre o valor de uso também estaria subordinada à economia libidinal. Para o SPK, pois, "as pulsões parciais são a *realização material* da dominação do valor de troca em cada um".[16] É uma tese radical que estabelece a importância do sexual no econômico e elucida a ideia de que as relações entre os sujeitos se tornam, sob o capitalismo, relações entre objetos. "Através da subordinação total de toda vida

---

16 Ibid., meus grifos.

ao valor de troca, todas as relações 'entre homens' estão determinadas como relações entre objetos."[17]

No entanto, a apropriação libidinal do sujeito pelo capital apresenta para o SPK uma contradição decisiva. Tal ascendência contraria o desenvolvimento normal da sexualidade e, *in fine*, a nega: "A fragmentação total da energia sexual através das relações capitalistas de produção em pulsões parciais (voyeurismo, fetichismo de objeto, perversão etc.) é a simples negação da sexualidade".[18] Essa negação da sexualidade é central, pois indica a expropriação verdadeira operada pelo capital, ao mesmo tempo que a situa clinicamente. Para desviar a libido em seu benefício, o capital deve refrear a sexualidade de seus sujeitos e colocá-la a seu serviço. Jogando com suas pulsões, procura explorar ainda mais seu sujeito proletário. Mas, ao impedir o curso libidinal, ele desmantela seu sujeito, com efeitos mortíferos: mantido em uma economia libidinal insatisfatória, o sujeito desagregado adoecerá cedo ou tarde. O desvio das necessidades do indivíduo como falsa liberdade e como mercadoria revela-se, em prazo mais ou menos longo, custoso, e até fatal. Tem por corolário o desencadeamento dos sintomas: "a necessidade capitalista de mais-valia está em contradição com a necessidade de viver de cada um; a unidade imediata e sensivelmente perceptível dessa contradição é o *sintoma*".[19] Mais precisamente", ao se assenhorar do sujeito para as necessidades da produção, o capital inibe aquilo que, neste último, poderia protestar (esse protesto será identificado pelo SPK como o momento possivelmente progressista da doença). Impedida, a expressão libidinal se transforma cedo ou tarde em violência contra o sujeito. Desviado da realidade desse processo mediante "falsos objetos", segundo "desejos ilusórios", o sujeito não tarda a sentir seus efeitos: esses "'deslizes' emocionais", não podendo ser simbolizados, traduzem-se em "úlceras

---

17 Ibid.
18 Ibid.
19 Ibid., cap. 1.

gástricas, inflamações na vesícula, problemas no sistema circulatório, pedras nos rins, cãibras de todos os tipos, em impotência, resfriados, dores de dente, doenças de pele, [...] asmas, [...] psicose".[20] A "contradição" se apodera literalmente do corpo do sujeito, e o sintoma é sua "unidade imediata e sensivelmente perceptível". Para o SPK, a vida no capitalismo volta-se contra ela mesma e "se quebra".

A contradição do capital consiste em que ele nega aquilo de que tira sua força: ele faz adoecer aquele de quem tanto necessita para realizar seu lucro. Esse ponto é essencial na perspectiva revolucionária do SPK. Embora a doença seja produzida pelo capital, este não pode tolerar que o processo seja desmascarado. Mas pode tolerar menos ainda que a acumulação seja ameaçada pelo esgotamento físico e mental dos sujeitos que explora. Daí a tarefa ideológica que, para o SPK, compete ao aparelho de saúde: esconder o fato de que o trabalho em regime capitalista adoece.

Crítica política do aparelho de saúde como aparelho ideológico

O SPK desenvolve assim uma crítica política do aparelho de saúde como aparelho ideológico do Estado. Para isso, apoia-se nas análises contemporâneas – radicalizando-as – de Jean-Claude Polack, psicanalista em La Borde; este tinha mostrado que a medicina capitalista não responde a uma "demanda de cuidados", mas procede elegendo dentre as "necessidades de saúde" aquelas cuja satisfação se inscreve na lógica de acumulação do capital.[21] O SPK se interessa especialmente pelo par médico-paciente:

> No caso da relação médico-paciente, por exemplo, ambos os parceiros da relação são, cada um a seu modo específico, objeto do mesmo sujeito, o capital. O paciente enquanto

---
20 Ibid., cap. 6.
21 J.-C. Polack, *La Médecine du capital*. Paris: Maspero, 1971.

objeto do aparente sujeito médico coloca, de acordo com o programa previsto, seu sofrimento e sua necessidade de transformação nas mãos do médico, que se torna, assim, o administrador da doença conforme sua função objetiva de administrador do capital.[22]

Objetos do mesmo sujeito – o capital –, o médico e o paciente constituem, portanto, uma matriz do processo de alienação capitalista. É no cerne das relações entre um e outro que se efetua a construção ideológica do indivíduo como doente. Acamado, vestido com a bata de hospital, o sujeito torna-se um paciente e o médico poderá proceder a um tratamento material e burocrático da doença: "analisada química e radiograficamente, tratada de modo farmacêutico, elétrico, radioativo e cirúrgico"[23] etc. O conjunto dessas operações técnicas objetivas espolia o sujeito e o coloca em "atitude negativa diante da doença": "Através da doença e do status de paciente, cada um experimenta insistentemente, como um foco, seu papel de objeto total, em seu desamparo, em seu isolamento e sua condição sem direitos".[24]

Mais ainda que na relação salarial, em que conserva sua força de trabalho e certos direitos (na forma contratual burguesa), no dispositivo de saúde o sujeito está só e não possui realmente mais nada. Já não é nem sequer um "sujeito de direito", como mostra frequentemente a realidade dos estabelecimentos psiquiátricos. Mas é precisamente nesse ponto que se revela sua condição, em sua verdade nua, de "objeto total" do capital. A alienação imaginária é aí, efetivamente, a mais completa, pois a relação médico-paciente visa constituir no paciente a necessidade de ser tratado, até em seu desejo de cura: "Sua incapacidade de agir torna-se uma certeza sensível em sua necessidade de ser tratado". A doença e seu tratamento revelam aqui o "fetiche da 'saúde individual'", forte motivo

---

22 SPK, *Fazer da doença uma arma*, op. cit, cap. 5.
23 Ibid., cap. 6.
24 Ibid., cap. 5. [N.E.: as citações a seguir são do mesmo capítulo.]

que permite obter a aquiescência do sujeito a sua própria submissão, produzindo nele o desejo de se curar. Ele foi espoliado de toda vontade própria e criou-se nele a falsa necessidade de se entregar aos cuidados da medicina oficial para ser curado. O "sucesso" do tratamento adquire então um novo sentido: consiste essencialmente em produzir a "transformação aparentemente desejada" – inclusive pelo paciente – subjetivando-o na figura da "cura". A natureza e a função verdadeiras do tratamento permanecem, assim, dissimuladas aos olhos de seus principais atores. Afinal, na realidade, o "sucesso da 'cura'" corresponde, nos fatos e em substância, à "restauração da capacidade de trabalhar do doente, [à] restauração da sua capacidade funcional dentro do processo social de produção do capital [...]: [à] *'reabilitação'* do doente". Para o SPK, "a relação médico-paciente característica de todo o sistema de saúde é um instrumento de repressão de primeira ordem para o capital e o Estado". Trata-se de produzir "a força de trabalho que volta a ser explorável conforme a demanda do capital". Nesse sentido, convém reconsiderar a própria saúde como uma doença *refreada* (ou, caso se prefira, uma doença menos grave), dissimulando as relações de produção que, por necessidade estrutural, adoecem o sujeito. A função verdadeira dos dispositivos de saúde consistiria em gerir e amortecer as crises do capital, tanto quanto em facilitar sua reprodução nos limites aceitáveis – inclusive contrariando sua tendência totalitária à eliminação pura e simples dos doentes, praticada por exemplo sob o nazismo: "Por um lado, o sistema de saúde tem a missão de elevar essa norma [a saúde], por outro, selecionar e conservar de modo mais econômico possível as forças de trabalho que não correspondem mais à norma – ou então liquidá-las abertamente como no Terceiro Reich [...]. Ser saudável significa, portanto, ser explorável".[25]

---

25 Ibid., cap. 1.

Tal perspectiva torna evidentemente caduca a ideia de que possa existir uma "medicina do trabalho" específica. Como escreve Jean-Claude Polack, citado pelo SPK: "Não há nada mais ridículo do que falar em medicina do trabalho. Nossa sociedade não conhece nenhuma outra. Toda medicina é regulação da capacidade de trabalho. A norma do trabalho impregna e determina o juízo do médico com um critério mais preciso do que um valor biológico ou fisiológico mensurável".[26] A conclusão arrepiante do SPK é a de que a doença "é a única forma possível e o único caminho possível para viver no capitalismo"[27] e que sua supressão é impossível pois a saúde consiste na capacidade de continuar a produzir mesmo estando doente. A condição do trabalhador seria, então, a de ser um produto enfermo.[28]

Poder dos pacientes e poder proletário

Das conclusões do SPK, segue-se igualmente que a doença constitui o verdadeiro limite interno do capitalismo: "No entanto, na forma da doença, o capitalismo produz a arma mais perigosa contra si mesmo. [...] *Objetivamente*, a doença enquanto força de trabalho defeituosa (= não explorável por ser não utilizável) é o coveiro do capitalismo".[29]

Afinal, se todo mundo estivesse gravemente doente e fosse incapaz de trabalhar, não haveria mais ninguém para produzir a mais-valia. Compreendemos então que, para o SPK, a doença se torna uma categoria inerentemente revolucionária: "*objetivamente* porque a mais-valia só pode ser produzida pela exploração da força de trabalho humana";[30]

---

26 Ibid., cap. 6.
27 Ibid., cap. 1.
28 No momento em que o poder neoliberal promove a noção de "reabilitação" na psiquiatria, a perspectiva do SPK parece ser de uma atualidade candente.
29 Ibid., cap. 6.
30 Ibid., cap. 7.

mas também porque essa exploração só pode conduzir ao empobrecimento das massas e à intensificação da doença. Portanto, é sob sua determinação concreta que o proletariado deve encontrar o meio de fazer a revolução. Nesse sentido, subjetivamente, a doença não faz mais que engendrar a inibição do sujeito, mas também a possibilidade de protesto. Vale lembrar que o sintoma é "a manifestação da essência da doença enquanto *protesto e inibição do protesto*".[31] Mas resta a possibilidade de liberar a energia libidinal que o sujeito doente produz no solipsismo de seu sintoma identificando e utilizando o "momento progressista da doença, do protesto e sua organização coletiva":[32]

> A inibição do protesto representada pelos sintomas é dissolvida, assim, na dialética do indivíduo e da sociedade; é a partir dos afetos inibidos dos doentes (isto é, dos que sofrem conscientemente) que são liberadas as energias dos ativistas [*Handelnden*], ativando precisamente o explosivo que vai destruir o sistema dominante do assassinato permanente.[33]

O que dá forma material à suspensão da inibição mantida e produzida pelo capital e por seus aparelhos é uma nova estrutura coletiva que capta a energia assim liberada: o coletivo socialista de pacientes. Devolvida a seu destino genital, a pulsionalidade permite a homens e mulheres que encontrem seu desejo e sua consciência, e operem a "transformação das relações objeto-objeto em relações sujeito-sujeito".[34] O SPK descreve seu movimento progressivo: "Enquanto processo coletivo de conscientização, a doença é *a* força produtiva revolucionária, graduada segundo o nível de seu efeito: protesto inibido, protesto consciente, consciência coletiva, luta solidária".[35]

---

31 Ibid., cap. 1.
32 Ibid, cap. 6.
33 Ibid., cap. 4.
34 Ibid., cap. 5.
35 Ibid., cap. 6.

Para se realizar, esse movimento deve, ao menos provisoriamente, apoiar-se no personagem do médico. No interesse real de seus pacientes, também ele deve trabalhar para a liberação do protesto contido pela doença:

> Se a doença é reconhecida como condição prévia e resultado do processo de produção capitalista, a atividade progressista do médico só pode consistir, portanto, em trabalhar pela abolição de sua função orientada pelo capital e objetivamente hostil aos doentes e pacientes, ou seja, a atividade progressista do médico só pode consistir precisamente na transformação dessa sociedade e não pode consistir – tal como ela é mal compreendida e praticada em sua forma mutilada – na fabricação da "saúde" do paciente e, com isso, na eliminação passageira da necessidade de "tratamento" de cada paciente.[36]

De forma mais ampla, o que o SPK defende é uma subversão da função médica. A ciência médica nova deve servir "aos pacientes". Trata-se na realidade de socializar "o meio de produção chamado ciência em prol da e pela população":

> A virada progressista da função do médico só pode tornar-se prática na cooperação solidária com os pacientes. O momento essencial dessa práxis é a socialização das funções médicas. Isso significa concretamente a socialização dos conhecimentos e experiências especiais do médico e não sua reprodução conforme o modelo de educação e formação estruturado de modo autoritário. O reconhecimento do papel comum de objeto, compartilhado por médico e paciente, representa a base sobre a qual se desenrola esse processo de socialização orientado pela causa comum.[37]

Esse processo, portanto, decorre de uma aprendizagem coletiva recíproca, na qual médico e paciente são transformados por sua práxis comum. O SPK ultrapassa aqui os diferentes

---
36 Ibid.
37 Ibid.

reformismos da psiquiatria. Como lembra Guattari, a iniciativa política do SPK não consistiu na defesa dos direitos dos "pobres doentes" nem na "oferta de liberdade" aos doentes.[38] Não se tratava de "descompartimentar" as instâncias e de compartilhar o saber (que os psiquiatras pudessem conversar com os enfermeiros[39] ou que os atendentes e os doentes pudessem conversar entre si, como nas "comunidades terapêuticas");[40] em Heidelberg, "tudo que foi feito, tudo que foi decidido, sempre o foi pelos próprios 'pacientes'".[41]

Essa ruptura fundamental é tanto mais categórica quanto mais a concepção da doença pelo SPK se dissemina. O coletivo rapidamente se alastra e, a partir de "uma pequena experiência intra-hospitalar", logo visa "a luta de massa". Seu combate se estende para fora do hospital e seus efetivos passam de algumas dezenas a centenas de membros. Nas palavras de Guattari, as coisas "teriam ido ainda mais longe", se o coletivo não tivesse sido brutalmente reprimido. Sustentando que a doença é a verdade do sujeito, o SPK a alça a uma dimensão universal. Qualquer pessoa está implicada e o doente não é mais somente aquele que é identificado como tal pelo hospital. Vimos que circunscrevê-lo ao espaço hospitalar era um engodo. O doente do hospital, em compensação, por não possuir mais nada (nem força de trabalho nem direitos), lança luz sobre o processo de alienação e espoliação. Reduzido a um puro objeto do capital, ele revela também seu limite interno.

---

38 Como fez Cooper em 1962 com a experiência do "pavilhão 21"; ver David Cooper, *Psiquiatria e antipsiquiatria* [1967], trad. Regina Schnaiderman. São Paulo: Perspectiva, 1989.
39 A que visavam os CEMEA (Centros de Treinamento em Métodos de Educação Ativa).
40 Essas experiências foram inauguradas por Maxwell Jones; ver *A comunidade terapêutica* [1952], trad. Lúcia de Andrade Figueiredo Bello. Petrópolis: Vozes, 1972.
41 F. Guattari, *La Révolution moléculaire*, op. cit., p. 272.

Quais são as consequências políticas das hipóteses do SPK? Antes de mais nada, elas derrubam a barreira ideológica entre o "doente" e o "saudável", e fornecem à ação revolucionária um novo espaço de predileção, os locais de "cuidados". Toda a ficção médica de uma separação entre normal e patológico acaba por ruir, com seu aparato, em prol do coletivo, que põe em prática a solidariedade objetiva entre todos os sujeitos explorados. Por meio desse coletivo, a própria ideia que todo indivíduo faz da doença e do doente e sua relação com eles enfim muda. Desse ponto de vista, o coletivo que surge permite verdadeiramente pôr em prática outro modo de estar junto.

Para descrever esse movimento subjetivo e material, o SPK fala em "expansionismo multifocal": cada sujeito é, na condição de doente, uma cristalização das contradições sociais. O coletivo de pacientes permite canalizar e precipitar essas contradições. O sujeito já não é estranho aí, como sob o regime da divisão do trabalho médico; ele sai pouco a pouco de seu isolamento: "Todo doente é agora, de um modo específico, o foco. Objetivamente, cada um é o ponto focal das contradições sociais. No processo de desdobramento *consciente* das contradições entre inibição e protesto condensadas na doença, a qualidade 'foco', enquanto ponto focal das relações (contradições) sociais, se torna uma qualidade subjetiva".[42]

Por meio de um processo consciente de reapropriação daquilo de que estava inconscientemente privado, o grupo leva o doente a se emancipar. É aí que ele pode se tornar núcleo de um novo modo de ser e de consciência. Ao identificar o momento progressista do protesto, o SPK procura fazer com que o sujeito encontre sua potência de agir: "O processo de superação do 'ponto focal' [*Brennpunkt*] (inibição) no 'foco' [*Herd*] é a emancipação do objeto, daquilo sobre o que se age, à condição de sujeito, de *agente*, emancipação essa baseada na cooperação e solidariedade".[43]

---
42 SPK, *Fazer da doença uma arma*, op. cit., cap. 5.
43 Ibid.

A prática do coletivo revela, portanto, um movimento mais global que excede a psiquiatria e que pode ser descrito filosoficamente como um movimento do objeto em direção ao sujeito:

> Apenas a cooperação solidária com os outros torna possível o movimento objeto-sujeito. Isso significa, portanto, que os diversos objetos isolados das relações sociais só podem tornar-se sujeitos na práxis coletiva baseada na cooperação solidária.
> Foi assim que, através da cooperação coletiva, essas pessoas antes isoladas transformaram *para si* as relações sociais das quais fazem parte: e isso simplesmente pelo fato de fazerem parte das relações sociais enquanto coletivo – e não mais como meras pessoas isoladas [...] juntos no coletivo tornam-se para si conforme a possibilidade visível – e até certo ponto real, ou seja, efetiva – de ser seu sujeito. Nessa transformação das relações sociais para si já está presente o germe da transformação *em si*.[44]

Eis por que Guattari considera a experiência de Heidelberg "o equivalente, em psiquiatria, da Comuna de Paris no plano das lutas proletárias".[45] Desse ponto de vista, a reação virulenta que ela suscita da parte do poder alemão soa como uma repetição da História.

Repressão

A atividade do SPK e do dr. Huber não tarda a incomodar. Em 1970, o contrato deste não é renovado; os pacientes e estudantes se mobilizam por sua manutenção. Em 6 de julho de 1970, 25 pacientes ocupam com Huber os escritórios da direção da universidade. Eles reivindicam o controle, pelos pacientes, do seguro-saúde, do regulamento interno e do orçamento das clínicas, assim como a independên-

---

44 Ibid.
45 F. Guattari, *La Révolution moléculaire*, op. cit., p. 273.

cia da saúde pública em relação à indústria e ao Exército. Exigem também a disponibilização de uma casa de pelo menos dez quartos para o tratamento dos mais vulneráveis, financiamento da universidade e equipamento terapêutico. O coletivo obtém da universidade o reconhecimento formal de sua existência.

Mas o Ministério da Educação federal interpõe-se para que a universidade cesse imediatamente qualquer negociação com o SPK. Em 18 de setembro de 1970, prevê, por decreto, a evacuação das instalações do SPK. Em reação, para resistir à ameaça e ganhar tempo, o coletivo busca o apoio de personalidades políticas, midiáticas e religiosas. A maioria das pessoas contatadas declina, com exceção da prestigiosa revista *Der Spiegel*, que publica um artigo relativamente favorável no começo de outubro. No entanto, o poder de atração do SPK está em plena expansão: em julho de 1970, o coletivo conta entre 150 e 200 pacientes. Entre quarenta e cinquenta pessoas se encontram então estabelecidas nas instalações do SPK, consideradas por muitos pacientes um lugar caloroso.[46]

No começo de verão de 1971, o coletivo é alvo de uma repressão desproporcional, cuja repercussão ultrapassa fronteiras. Um grupo internacional, formado por pacientes, equipes de profissionais do atendimento, psiquiatras e psicanalistas vindos dos Países Baixos, da França, da Itália e da Alemanha, realizará no local uma pesquisa cujas conclusões são inapeláveis:

> Em uma sessão a portas fechadas, o Senado da universidade decidiu recorrer à força pública. O pretexto foi fornecido, em julho de [19]71, por um tiroteio nos arredores de Heidelberg. Responsabilizar o SPK permitia abatê-lo com os meios mais brutais. Trezentos policiais armados de metralhadoras penetraram à força as instalações do SPK, helicópteros sobrevoavam a cidade, a *Bundesgrenzschutz* (brigadas especiais) estava

---

46 C. Pross et al., *"Wir wollten ins Verderben rennen"*, op. cit.

mobilizada, buscas foram operadas sem mandado, os filhos do dr. Huber foram feitos reféns, doentes e médicos foram detidos, os acusados foram drogados para obrigá-los a se mostrar cooperantes.[47]

No momento do processo, em 1972, Deleuze e Guattari viajam para Heidelberg a fim de apoiar o SPK.[48] Apesar da pressão internacional, Huber e um de seus companheiros são condenados a quatro anos e meio de prisão por participação em uma organização criminosa, uma pena particularmente pesada. Um segundo processo corre em maio de 1973 e um terceiro em 1974. A resistência se organiza e cresce rapidamente. Um chamado à solidariedade com os acusados é lançado. Por ocasião do colóquio de psicanálise de 1975 em Milão – cujo tema é sexualidade e política –,[49] 2 mil signatários respondem a ele. No mês seguinte, Sartre, Beauvoir, Basaglia, Foucault, Cooper, Castel, Gentis, Guattari e inúmeras outras personalidades assinam um comunicado à imprensa denunciando a repressão contra o SPK.[50] É também a ocasião de fazer um balanço da atividade do coletivo, de suas elaborações teóricas e seus sucessos clínicos, conduzido pela revista *Recherches* [Pesquisas], próxima de La Borde:

> Durante a existência do SPK, o trabalho terapêutico tinha feito progressos tais que, em um ano e meio, quinhentos doentes conseguiram integrar-se nele, e era possível acolher outros quinhentos. Isso fora permitido pela separação tradicional entre doentes e equipe de cuidados (médicos incluí-

---

47 "Dossier: le SPK, collectif socialiste de patients". *Recherches*, 1973, n. 11, p. 152.
48 F. Dosse, *Gilles Deleuze & Félix Guattari*, op. cit.
49 Armando Verdiglione (org.), *Sexualité et politique, Actes du colloque de Milan de 1975*. Paris: 10/18, 1977.
50 Existe uma cronologia precisa desses acontecimentos no site spkpfh.de, bem como no livro do SPK, *Psychiatrie politique, l'affaire de Heidelberg (SPK)*. Paris: Maspero, 1972.

dos), superando-a e dando lugar a novas formas terapêuticas em que os problemas do indivíduo eram coletivamente examinados [...]. O grupo tinha como ponto de partida os problemas de seu membro mais fraco e se orientava em função de suas necessidades.[51]

Ao propor teorizar sua própria prática, o coletivo de Heidelberg não pretendia constituir uma vanguarda. Estava claro para o SPK que o expansionismo multifocal podia ser produzido em qualquer lugar. Porque o proletariado continuava determinado pela doença, ao fazer dela uma arma ele poderia se tornar verdadeiramente revolucionário.

---

51 "Dossier: Le SPK, collectif socialiste de patients", op. cit., p. 153.

CONCLUSÃO
DE QUE ERNEST JONES É O NOME?
POR UMA OUTRA PSICANÁLISE

Que ensinamentos críticos podemos tirar dessa brevíssima história para o presente analítico? Desde o fim dos anos 1980, Russell Jacoby observava que a psicanálise estadunidense estava tomada por um verdadeiro recalque: "a psicanálise contemporânea [estadunidense] não pode sequer engolir as denominações adequadas: freudianos de esquerda, psicanalistas marxistas, psicanalistas políticos",[1] que, no entanto, remetiam aos principais atores de sua história. Ora, é forçoso constatar que o mesmo ocorre, se não pior, com a psicanálise hoje na França... Abstraindo a prática de sua concretude sócio-histórica e de suas implicações teóricas e clínicas, esta relega à obscuridade partes cruciais da história da disciplina, cujo lugar procuramos restituir.

Como vimos, definir a psicanálise como apolítica, neutra, indiferentista e pessimista teve suas consequências. Além das questões clínicas, aboliu-se a própria possibilidade de uma leitura política de sua história. Nesse registro, o psicanalismo dos anos 1980 mostrou-se particularmente coerente, aplicando o mesmo desprezo em relação à História e a suas passagens revolucionárias que à própria história de nossa disciplina... embora talvez com furor ainda maior. Portanto, a crítica do psicanalismo é inseparável do projeto de uma história popular da psicanálise, justamente porque aquele sempre a renegou. Escrever essa história progressista significa, então, revelar as operações

---

[1] Russell Jacoby, *The Repression of Psychoanalysis: Otto Fenichel and the Political Freudians.* New York: Basic Books, 1983.

de reificação da história disciplinar que estão por trás dele. A crítica do psicanalismo dos anos 1980 permite finalmente identificar um ponto de vista claramente positivo *para a psicanálise* e recuperar sua tradição revolucionária. Nesse sentido, não é a História *tout court* que aí se faz ouvir e que reencontra seus direitos? Seja como for, Freud decerto não teria ficado surpreso com o movimento psicanalítico em torno de maio de 1968 e, *a contrario*, é antes a promoção do "indiferentismo" na análise que deve, doravante, ser desafiada e considerada duvidosa.

A tese do suposto "indiferentismo" de Freud é respaldada, como vimos, por observações que Ernest Jones lhe toma de empréstimo: esse ponto não é nada indiferente quando se conhece o papel de Jones na história do movimento. Não só porque a posição do próprio Freud não pode se reduzir a isso mas também porque essa abordagem omite o projeto de realizar uma política de "justiça social", proposto pelos analistas na ocasião de certos períodos fecundos da história da psicanálise. Jones é aquele que "adaptou" a psicanálise ao regime nazista e contribuiu ativamente para expulsar de seus postos os psicanalistas mais engajados, e também os judeus. Mas esse período sombrio da história da psicanálise e a transformação da "policlínica de Berlim" em "Instituto Göring" permanecem desconhecidos – e a posição de Jones no campo analítico raramente é questionada. Um artigo de Elizabeth Brainin e Isidor Kaminer, entretanto, havia mostrado o caminho,[2] sugerindo que a negação desse período turvo tivera efeitos não identificados nas instituições analíticas e nos próprios analistas em sua prática clínica. Portanto, certamente convém reler a história de nossa disciplina a contrapelo da narrativa promovida em certos meios psicanalíticos hegemônicos na França. E, em vez de sair apontando os supostos excessos de Reich durante esse período, seria preciso lançar toda a luz sobre os de Jones, que

---

2   Elizabeth Brainin e Isidor Kaminer, "Psicanálise e nazismo" [1982], trad. Angela B. C. Wittich, in Chaim Samuel Katz (org.), *Psicanálise e nazismo*. Rio de Janeiro: Taurus, 1985, pp. 23-46.

aqui adquire um aspecto menos respeitável que o habitual. Não é por acaso que a exclusão de Reich da IPA em 1933 é tão frequentemente destacada pela doxa. Ora, ela não se deu pelas razões alegadas: primeiramente, Wilhelm Reich não foi expulso por uma disputa teórica, nem porque tinha se desviado para o campo político, nem mesmo porque fosse louco, como alguns chegam a sustentar. A lenda da exclusão de Reich por "seus excessos pessoais" permite ocultar a imensa cegueira política da IPA e de sua nova direção, que ele denunciava. Afinal, a incorporação da Sociedade Psicanalítica Alemã às novas instituições do Partido Nazista apoiou-se precisamente no argumento da neutralidade da psicanálise, no momento mesmo em que os judeus e os vermelhos eram expulsos da instituição psicanalítica. Em pouco tempo, a psicanálise participaria de sua própria exclusão, no interior do Instituto Göring.

É uma lição sobre a qual os defensores da "neutralidade da psicanálise" e os atuais críticos de Reich deveriam refletir: a "salvação da psicanálise" por Jones, presidente da IPA, acabou precipitando, na realidade, seu naufrágio no Terceiro Reich. Seus argumentos, queiram ou não, estão indefectivelmente ligados a essa passagem histórica de transigência e a essa estrutura argumentativa que é puro sofisma. E, para aqueles nos meios analíticos contemporâneos que ainda pretendem "salvar a psicanálise", esse sintagma revela aqui seu lado sombrio: aquele proposto pela linha política calamitosa de Jones, apoiado por Freud nos anos 1930.

Cabe dizer, por fim, uma palavra sobre o pessimismo freudiano, que costuma servir para encobrir o conjunto de sua obra, de modo a orientar sua leitura, e para ignorar o momento em que Freud foi favorável à experiência comunista, otimista quanto ao futuro político e engajado por uma clínica popular na cidade. Aliás, não é por acaso que a biografia de Freud escrita por Jones ainda seja uma referência para muitos analistas franceses contemporâneos: é bem possível que a neopsicanálise francesa seja, de fato, jonesiana. O triunfo dos "pequenos arranjos" de Jones para (re)escrever a história do movimento analítico entravou a possibilidade epistemológica de reconhecer o engajamento práxico que animava a maioria dos analistas do entreguerras e dos quais o nome de Reich é, na realidade, apenas o "significante que emergiu". E é a mesma operação que o psicanalismo contemporâneo realiza em relação a Guattari para tratar dos anos 1960-70 e, de modo mais geral, para afastar qualquer tentativa de psicanálise progressista, numa verdadeira empreitada de esquartejamento. O psicanalismo submete o nome de Guattari, emblemático de um momento revolucionário, ao mesmo procedimento de deslegitimação que o de Reich, prolongando assim o gesto de Jones. Essas figuras são, então, deturpadas e alocadas em uma função nova, condição dessa epistemologia reacionária que as apresenta como marginais, excessivas, até loucas, e, finalmente, pouco recomendáveis. A história progressista de nossa disciplina é apagada e o psicanalismo pode assim eclipsar a multidão dos nomes daqueles que compartilhavam a mesma luta. Adotar tal estratégia revisionista é privar a disciplina de sua história.

Mas o tempo quimérico e mortífero de uma psicanálise pretensamente purificada certamente ficou para trás. Que este livro possa constituir um sinal de alerta e suscitar em outros pesquisadores psicanalistas o desejo de seguir esse caminho ainda inexplorado. Numerosas experiências psicanalíticas esperam na sombra. No pós-guerra, especialmente nos Estados Unidos, em Topeka, sob a influência dos Menninger, e em Chicago, sob a influência de Franz Alexander, surgiram clínicas ambulatoriais gratuitas nos moldes da de Berlim. Fenichel, de passagem por Topeka quando de seu exílio norte-americano, conta ter encontrado ali um ambiente comparável aos de Berlim e Praga. Bernfeld, exilado, criará também em San Francisco um Instituto Livre de Psicanálise baseado no modelo berlinense. Erich Fromm e Frieda Fromm-Reichmann, psicanalistas que nos anos 1920 haviam fundado o Instituto de Psicanálise de Frankfurt, continuaram sua experiência em Chestnut Lodge, em Maryland. Citemos também as experiências desenvolvidas na Argélia no hospital de Bilda, em torno de Frantz Fanon, as da Inglaterra que levaram à antipsiquiatria de Ronald Laing, Joseph Berke e David Cooper em Kingsley Hall, e aos tratamentos analíticos exemplares, como o realizado com Mary Barnes; ou ainda, na Itália dos anos 1970, a experiência do Consultório Popular de Niguarda, ou, na França, aquelas conduzidas por Maud Mannoni em Bonneuil e, depois do grupo "Lander", as do Laboratório de Psicanálise em Vincennes. No Brasil, foi desenvolvido um sistema público de saúde mental por meio dos Caps (Centro de Atendimento Psicossocial) e proliferam iniciativas como o Psicanálise na Rua e o Clínica Aberta de Psicanálise, que oferecem escuta gratuita em espaços públicos. Há ainda coletivos como o PerifAnálise voltado para estruturar locais de acolhimento psíquico nas periferias urbanas e intervenções clínicas junto a movimentos sociais. A lista se revela, na verdade, muito longa, sem sequer mencionar os esforços mais recentes e aqueles em curso. Esses poucos exemplos dão uma visão geral de uma história vivaz e internacional que ainda está sendo escrita. Ademais, esperamos que a escolha necessariamente parcial que fizemos aqui contribua para libertar a pesquisa nesses domínios ainda muito pouco conhecidos e seja como um convite a continuar e aprofundar a perspectiva dos estudos psicanalítico-políticos. Que essa multiplicidade *vigorosa* de que fomos seccionados possa voltar à tona no presente para libertar a psicanálise da mortificação do psicanalismo. Que este livro possa contribuir para abrir novos caminhos para a pesquisa e incentivar os analistas militantes de hoje – e de amanhã – a se engajar na clínica junto às classes populares contemporâneas, tal como promoveu, durante um tempo relativamente longo e fecundo, o próprio pai da psicanálise.

ÍNDICE ONOMÁSTICO

Adler, Victor 39–40, 82, 94
Aichhorn, August 40, 63, 114–15, 142
Ajuriaguerra, Julian de 155
Alexander, Franz 37, 77, 208
Armand, Inessa 43, 115, 181

Bachofen, Johann Jakob 69
Baeyer, Walter von 183
Bardach, Michel 152
Baremblitt, Gregorio 134
Barnes, Mary 209
Basaglia, Franco 202
Bauleo, Armando 130
Baumgarten, Kinderheim 48
Beauvoir, Simone de 202
Berke, Joseph 209
Bernfeld, Siegfried 40, 48, 82–83, 142, 208
Bibring, Edward 122–23
Boehm, Felix 103–05, 107–09, 111–13, 115
Bonaparte, Marie 42
Bonnafé, Lucien 152, 155
Bornstein, Berta 48
Brainin, Elizabeth 206

Canguilhem, Georges 152
Casals, Pablo 142
Castel, Robert 21, 161–63, 202

Cocks, Geoffrey 108
Cooper, David 198, 202, 209

Daumézon, Georges 155, 157
Deleuze, Gilles 19, 155–57, 165–66, 171, 175, 178, 202
Deutsch, Helene 39
Diatkine, René 160, 161, 163
Docteur Batia (coletivo) 155, 157
Dreyfus-Armand, Geneviève 150

Édipo, complexo de 70, 76
Eiminder, Sándor 142
Eitingon, Max 60, 100–05, 107
Ellis, Havelock 74
Éluard, Paul 152
Engels, Friedrich 69
Ermakoff, Dimitrievitch 95
Ey, Henri 155

Fachinelli, Elvio 130
Fanon, Frantz 26, 152, 187–88, 209
Federn, Paul 41, 57, 122
Fenichel, Otto 23, 37, 60, 78–79, 83, 100, 108–10, 113, 154, 205, 208
Ferenczi, Sándor 37, 39–40, 42, 48, 72, 142
Foucault, Michel 202

Freud, Anna 42, 48, 57, 59, 83, 105, 109–11, 121
Freud, Sigmund 19, 22–26, 29–61, 68–70, 72, 74, 78–83, 87, 93–113, 120–24, 128, 130, 136, 160–61, 163, 170–72, 176, 182, 184, 189, 206–07
Fröbel, Friedrich 47
Fromm, Erich 40, 83, 109, 208
Fromm-Reichmann, Frieda 208
Furet, François 20

Gentis, Roger 202
Göring, Matthias 108, 112–14, 139, 206–07
Grinberg, León 128
Guattari, Félix 19, 24, 143, 153, 155–60, 163, 166–80, 182, 185, 198, 200, 202, 208
Guillant, Louis Le 155, 157

Hencke, Schultz 105
Hitler, Adolf 86, 95, 101, 108, 112–15, 120, 175
Huber, Wolfgang 183, 200–02
Hug-Hellmuth, Hermine 48

Ibárruri, Dolores 125

Jacobson, Edith 110, 112–13, 123
Jacoby, Russell 23, 37, 113, 154, 205
Jensen, Fritz 118

Jones, Ernest 30, 42, 46, 99–101, 103, 105, 107–15, 117, 123–24, 126, 143, 198, 206–08
José, Francisco (imperador) 119

Kaminer, Isidor 104, 206
Kamm, Bernhard 111
Kemper, Werner 107, 111, 138–39
Kestemberg, Évelyne 157
Klein, Melanie 47–48, 50, 127
Kollontai, Aleksandra 43–44, 120
Kolnai, Aurel 22

La Borde (clínica de) 24, 143, 152–60, 166–69, 178, 180, 192, 202
Lacan, Jacques 16, 20, 155–56, 170, 172–73, 175–76, 178, 184–86
Laing, Ronald 209
Landauer, Karl 40, 109
Langer, Marie 24, 112, 117–40, 147, 154
Langer, Max 122
Lênin (Vladimir Ilyich Ulianov) 43–44, 48, 85, 95
Linden, Herbert 112
Lodge, Chestnut 208
Lukács, György 39
Luxemburgo, Rosa 39

Mannoni, Maud 209
Marx, Karl 35, 46, 69, 90, 92, 121, 130, 134, 136, 184, 190

Matarasso, Jacques 152
Menninger, Karl 208
Mitchell, Juliet 129
Montseny, Federica 125
Moreira, Amílcar Lobo 138
Morgan, Lewis Henry 69
Müller-Braunschweig, Carl 103–04, 107–09, 111–12, 114–15

Negrín, Juan 149
Nitzschke, Bernd 100, 105, 107, 109, 111, 113, 115

Orwell, George 125, 142
Oury, Fernand 156
Oury, Jean 24, 143, 153–60, 163, 166, 178

Pappenheim, Martin 46
Pavlovsky, Eduardo 134
Perón, Juan 126, 139
Pfister, Oskar 34
Polack, Jean-Claude 142, 152, 192, 195
Pross, Christian 182–183, 201

Racamier, Paul-Claude 157, 160–62, 164, 167, 169
Reich, Annie 90
Reich, Wilhelm 19, 23–24, 34–36, 40, 42, 49–50, 53–92, 95–96, 100, 105–10, 113–14, 118, 135–36, 145–46, 173, 181, 184–86, 188–89, 194, 206–08
Reik, Theodor 77–78
Rickman, John 115

Rittmeister, John 112
Rodrigué, Emilio 128, 132
Roellenbleck, Ewald 111
Rosenthal, Tatiana 45–47
Rothschild, Berthold 130

Sartre, Jean-Paul 186, 202
Schmidt, Vera 23, 47, 49–52, 96
Schober, Johann 80
Schopenhauer, Arthur 119
Schultz-Hencke, Harald 104
Sexpol 87–88, 91–92, 105, 110
Simmel, Ernst 39, 41–42, 100
Sivadon, Danielle 142, 152
Spielrein, Sabina 45, 95
SPK (coletivo) 24, 182–84, 186–203
Stálin, Josef 52, 81, 96, 144–45, 148–49
Sterba, Richard 56–57, 81, 82, 114, 121–22, 124

Tandler, Julius 41
Tosquelles, François 24, 125, 141–53, 155–56, 158, 160
Trótski, Leon 40, 44–45, 95, 144
Tzara, Tristan 152

Vereinigung, Wiener 121

Wulff, Moshe 95

Zetkin, Clara 43

SOBRE O AUTOR

FLORENT GABARRON-GARCIA nasceu em Paris, na França, em 1977. Defendeu mestrado em antropologia na Universidade de Bordeaux em 1999 e em Filosofia na Universidade de Nanterre, em 2001, sob a orientação de Étienne Balibar. Doutorou-se em Psicopatologia e Psicanálise em 2014, pela Universidade Paris 7 – Denis Diderot, sob a orientação de Monique David-Ménard e Laurie Laufer. Fez sua formação em Análise Institucional na clínica de La Borde, onde trabalhou entre 2007 e 2011. Além de seu consultório pessoal, atua no Centre Médico-Psycho-Pédagogique (CMPP), voltado a crianças e adolescentes, desde 2011. Foi pesquisador associado de Filosofia na Universidade Toulouse-Jean Jaurès e de Psicanálise na Universidade Paris 7. Desde 2019, é *maître de conférence* na universidade Paris 8 – Vincennes-Saint-Denis e membro do comitê de redação da *Chimères*, revista francesa fundada por Gilles Deleuze e Félix Guattari. Coordena grupos de orientação clínica e análise institucional, em locais como a Maison d'Enfants à Caractère Social (Mecs), a Maison d'Accueil Spécialisé (MAS) e a Maison des Adolescents (MDA), onde trabalha sobretudo com profissionais da saúde e da pedagogia social que se dedicam a pessoas em sofrimento psíquico nos serviços de acolhimento institucional.

Obras selecionadas

L'Héritage politique de la psychanalyse: pour une clinique du réel.
 Paris: Éditions La Lenteur, 2018.
"O anti-Édipo e seus detratores", in Anderson Santos (org.), *Psicanálise e esquizoanálise: diferença e composição*. São Paulo: n-1 edições, 2022.
"Comment se Faire un Corps? Le corps au-delà du narcissisme: Délire, corporisation et synthèses passives". *Cliniques Méditerranéennes*, n. 99, 2019.
"Pensée magique et inconscient réel: jouissance et politique dans la psychanalyse chez Lacan et chez Deleuze/Guattari". *Cliniques Méditerranéennes*, n. 85, 2012.

COLEÇÃO EXPLOSANTE

COORDENAÇÃO Vladimir Safatle

Em um momento no qual revoluções se faziam sentir nos campos da política, das artes, da clínica e da filosofia, André Breton nos lembrava como havia convulsões que tinham a força de fazer desabar nossas categorias e limites, de produzir junções que indicavam novos mundos a habitar: "A beleza convulsiva será erótico-velada, explosante-fixa, mágico-circunstancial, ou não existirá". Tal lembrança nunca perderá sua atualidade. A coleção Explosante reúne livros que procuram as convulsões criadoras. Ela trafega em vários campos de saber e experiência, trazendo autores conhecidos e novos, nacionais e estrangeiros, sempre com o horizonte de que Explosante é o verdadeiro nome do nosso tempo de agora.

TÍTULOS

Petrogrado, Xangai, Alain Badiou
Chamamento ao povo brasileiro, Carlos Marighella
Alienação e liberdade, Frantz Fanon
A sociedade ingovernável, Grégoire Chamayou
Guerras e Capital, Éric Alliez e Maurizio Lazzarato
Governar os mortos, Fábio Luís Franco
A vontade das coisas, Monique David-Ménard
A revolução desarmada, Salvador Allende
Uma história da psicanálise popular, Florent Gabarron-Garcia

Cet ouvrage, publié dans le cadre du Programme d'Aide à la Publication année 2022 Carlos Drummond de Andrade de l'Ambassade de France au Brésil, bénéfcie du soutien du Ministère de l'Europe et des Affaires étrangères.

Este livro, publicado no âmbito do Programa de Apoio à Publicação ano 2022 Carlos Drummond de Andrade da Embaixada da França no Brasil, contou com o apoio do Ministério francês da Europa e das Relações Exteriores.

**AMBASSADE
DE FRANCE
AU BRÉSIL**
*Liberté
Égalité
Fraternité*

Dados Internacionais de Catalogação na Publicação (CIP)
Elaborado por Vagner Rodolfo da Silva – CRB-8/9410

Gabarron-Garcia, Florent
  Uma história da psicanálise popular / Florent Gabarron-Garcia; título original: *Histoire populaire de la psychanalyse* / tradução de Célia Euvaldo / prefácio de Christian Dunker. São Paulo: Ubu Editora, 2023. / 224 pp.
  Coleção Explosante
ISBN 978 85 7126 080 1

1. Psicanálise. 2. História da psicanálise. 3. Psicologia.
I. Euvaldo, Célia. II. Título. III. Série.

2022–4097   CDD 150.195   CDU 159.9642

Índice para catálogo sistemático:
1. Psicanálise 150.195
2. Psicanálise 159.9642

Título original: *Histoire populaire de la psychanalyse*

© La Fabrique éditions, 2021
© Ubu Editora, 2023

[CAPA] Protesto de estudantes contra a demissão do dr. Wolfgang Huber da Universidade de Heidelberg, déc. 1970 © Dagmar Welker.

EDIÇÃO Gabriela Naigeborin
PREPARAÇÃO André Albert
REVISÃO Débora Donadel
COMPOSIÇÃO Denise Matsumoto
TRATAMENTO DE IMAGEM Carlos Mesquita

EQUIPE UBU
DIREÇÃO EDITORIAL Florencia Ferrari
COORDENAÇÃO GERAL Isabela Sanches
DIREÇÃO DE ARTE Elaine Ramos, Júlia Paccola (assistente)
EDITORIAL Bibiana Leme, Gabriela Naigeborin
DIREITOS AUTORAIS Júlia Knaipp
COMERCIAL Luciana Mazolini, Anna Fournier (assistente)
CRIAÇÃO DE CONTEÚDO / CIRCUITO UBU Maria Chiaretti, Walmir Lacerda (assistente)
DESIGN DE COMUNICAÇÃO Marco Christini
ATENDIMENTO Laís Matias, Micaely Silva
PRODUÇÃO GRÁFICA Marina Ambrasas

UBU EDITORA
Largo do Arouche 161 sobreloja 2
01219 011 São Paulo SP
ubueditora.com.br
professor@ubueditora.com.br
󰈌 󰀄 /ubueditora

TIPOGRAFIA Sharp Grotesk e Arnhem
PAPEL Pólen Soft 80 g/m²
IMPRESSÃO Margraf